WIE MISCHE ICH MEINE FARBEN RICHTIG

WIE MISCHE ICH MEINE FARBEN RICHTIG

Eine umfassende praktische Untersuchung
mit Öl- und Aquarellfarben und eine visuelle Studie
mit fortschreitendem Schwierigkeitsgrad
über die Kunst des Farbmischens

Herausgegeben von José M. Parramón

EDITION
MICHAEL FISCHER

Inhalt

1

2

Einführung

„Welche Farben muß man mischen, um einen goldenen Armleuchter zu malen?" fragte mich eines Tages ein Schüler. Ich sagte ihm, daß Gold keine bestimmte Farbe besäße, sondern aus einer Mischung von Ocker, Siena und Weiß mit einer Spur Karmin bestünde, zu der man entsprechend dem Einzelfall Grün, Rot und weiteres Weiß, vielleicht auch etwas mehr Ocker oder Braun, Blau oder Gelb fügen müsse.
Damals kam ich auf den Gedanken, ein Buch zu schreiben, in dem die Farbmischungen erklärt werden. Ich stellte es mir folgendermaßen vor: Beginnen wollte ich mit der Farbenlehre, um aufzuzeigen, daß man nur mit den drei Grundfarben Blau, Purpur und Gelb sämtliche Farben der Natur mischen und eine Landschaft, ein Stilleben, ein Porträt und auch einen goldenen Armleuchter damit malen kann. Und ich überlegte weiter. Um die Farben mischen zu können und sämtliche Töne zu erhalten, angefangen vom einfachen Grün aus einer Mischung von Blau und mehr oder weniger Gelb bis zu der komplexen Fleischfarbe, mit der Delacroix seine Ölgemälde und Charles Reid seine Aquarelle malte, benötigt man ein gründliches Studium. Es müßte mit einfachen Mischungen beginnen, die nach und nach schwieriger werden. Genau das ist der Inhalt dieses Buches.
Da ich davon ausgehen kann, daß Sie das Mischen von Farben *in der Praxis* erlernen möchten, also indem Sie selber die Farben komponieren, beginne ich mit einer ausführlichen Beschreibung des Materials, das zum Mischen der Öl- und Aquarellfarben erforderlich ist. Ich erwähne die Besonderheiten der beiden Maltechniken, zum Beispiel ihr Deckungsvermögen und ihre Transparenz. Anschließend schlage ich Ihnen eine erste Übung mit Preußischblau und Krappkarmin mit Weiß vor, die gemeinsam mit Gelb die drei Primärfarben ergeben. Es handelt sich um eine ganz einfache Übung, bei der Sie mühelos durch paarweises Mischen und spätere Zugabe von Weiß und Schwarz insgesamt 156 unterschiedliche Farbtöne herstellen können.
An diese erste Hälfte des Buches schließen sich eine Reihe von Übungen mit dem normalen Farbensortiment des Kunstmalers an. Auch sie besitzen einen fortschreitenden Schwierigkeitsgrad. Ich beginne mit relativ einfachen Farbmischungen mit den Skalen von Frühlings-, Sommer- und Herbstgrün und komme schließlich zu so komplizierten Nuancen wie den Fleischtönen von Velazquez, Renoir und den bereits erwähnten Delacroix und Charles Reid. Zum Abschluß des Buches finden Sie als Zusammenfassung je eine Landschaft in Öl und als Aquarell sowie ein Porträt in Öl, deren Farbmischungen schrittweise erklärt werden.
Ich glaube, daß die Mannschaft von Parramón Ediciones S.A. eine ausgezeichnete Arbeit geleistet hat. Amparo Carvajal als zuständige Lektorin, David Sanmiguel als Textredakteur, Vicenç Ballestar als Illustrator, Jordi Casas als Grafiker sowie Nos y Soto haben mit großer Begeisterung das Buch gestaltet, das mir vorschwebte und das Ihnen beim Erlernen der Mischungen von Öl- und Aquarellfarben hoffentlich eine große Hilfe sein wird. Das ist mein einziger Wunsch.

José M. Parramón

Die Farbe ist von allen künstlerischen Medien am subjektivsten." Dieser Ausspruch stammt von dem deutschen Farbentheoretiker und Pädagogen Josef Albers, einem großen Kenner der psychologischen Wirkung der Farbgebung. Mehr als fünfzig Jahre, bevor Albers diese Meinung aussprach, wies Vincent van Gogh in einem Brief an seinen Bruder Theo auf die absolute Notwendigkeit hin, die Gesetze zu kennen, die die Farbe regieren. „Ohne sie", schrieb der große Künstler, „kann man nicht kreativ sein." Diese beiden anscheinend gegensätzlichen Aussagen gleichen in Wirklichkeit den beiden Seiten ein und derselben Medaille. Die Farbe ist zweifellos ein subjektiver Ausdruck. Doch dieser ergibt sich in Übereinstimmung mit einer elementaren Logik. Im folgenden Kapitel behandeln wir die theoretischen Grundlagen dieser Logik und die praktischen Bedingungen, unter denen sie zum Tragen kommt. Wir erklären die technischen Grundbegriffe sowie das unabdingbare Material und Zubehör, damit Sie in voller Kenntnis der Dinge mit den Farbmischungen beginnen können.

FARBENLEHRE: ANWEISUNGEN UND MATERIAL

Grundlagen der Farbenlehre

Auf die Frage „Was ist Farbe?" antwortet der gesunde Menschenverstand normalerweise, daß es sich um ein Merkmal der Körper handelt (das Grün des Grases, das Weiß des Schnees, das Rot des Blutes etc.). Das sagt uns die alltägliche Erfahrung. Dieselbe Erfahrung sagt uns aber auch, daß unmittelbar vor Sonnenuntergang alles blaustichiger wird, daß sich die Farben einer Landschaft verändern, sobald Wolken die Sonne verdecken, und daß im Halbschatten eines Zimmers alles Grau erscheint. Außerdem sagt uns der gesunde Menschenverstand, daß es bei völliger Dunkelheit keine Farben gibt.

Die Farbwissenschaft geht einen Schritt weiter und erklärt, daß die Farbe der Körper mit dem Licht identisch ist, das sie reflektieren – daß Farbe Licht ist.

Der Regenbogen liefert uns eine spektakuläre Anschauung für diese Theorie. Er ist kein fester Körper, sondern besteht aus Sonnenlicht, das mit Hilfe der Regentropfen in seine Bestandteile zerlegt wird. Vor zweihundert Jahren benutzte der englische Physiker Isaac Newton einen kleinen „Regenbogen", um seine Theorie zu beweisen, daß die Farben eine Eigenschaft des Lichts sind und dieses sich aus bestimmten Farben zusammensetzt.

Mit einem Prisma unterbrach Newton einen feinen Sonnenstrahl, der durch eine Öffnung in ein abgedunkeltes Zimmer fiel. Das führte zu dem Phänomen der Spektralfarben – einem Fächer aus farbigem Licht in Rot, Orange, Gelb, Grün, Zyanblau, Dunkelblau und Violett.

Anschließend schob Newton ein weiteres Prisma umgekehrt dazwischen, und das weiße Licht wurde wieder zusammengesetzt. Damit war bewiesen, daß weißes Licht aus der Summe der Spektralfarben besteht.

Jahre später vervollständigte Dr. Thomas Young jenes Experiment: Indem er Scheinwerferstrahlen in den Farben des Spektrums miteinander kombinierte, gelangte er zu der Schlußfolgerung, daß man nur drei Farben benötigt, um das weiße Licht wieder zusammenzusetzen. Bei einer teilweisen Überlagerung von grünem, gel-

3

Abb. 3: Der englische Physiker Isaac Newton wies mit Hilfe eines dreieckigen Prismas nach, daß natürliches Licht aus der Summe farbiger Lichtstrahlen besteht. Die Zusammenfassung dieser Lichtstrahlen bezeichnet man als Farbenspektrum.

5

4

6

Abb. 4: Der Wissenschaftler Thomas Young wies nach, daß drei Farbstrahlen genügen, um alle Farben des Spektrums zu erhalten und das weiße Licht wieder zusammenzusetzen. Bei diesen Farben handelt es sich um Rot, Dunkelblau und Grün: die Grundfarben des Lichts.

Abb. 5 und 6: Wenn die Sonne scheint und es gleichzeitig regnet (Abb. 5), verhalten sich die Regentropfen wie ein Prisma. Sie zerlegen das weiße Licht in die Spektralfarben (Abb. 6).

bem und rotem Licht auf einer Leinwand tauchten auch die übrigen Farben des Spektrums auf. Die völlige Überlagerung der drei Lichtstrahlen ergab weißes Licht. Daraus folgt: Die Addition von Lichtfarben ergibt helleres Licht. Wir erzeugen eine Synthese durch Addition. Fügt man Rot zu Grün, erhält man Gelb; Grün plus Dunkelblau ergibt Zyanblau; Blau und Rot ergibt Magenta (ein sehr kräftiges Rosa). Rot, Grün und Blau sind die *Grundfarben des Lichts*. Gelb, Zyanblau und Magenta sind als zusammengesetzte Farben die *Zweitfarben des Lichts*.

Jetzt begreifen wir, weshalb die Gegenstände farbig erscheinen. Eine gelbe Zitrone reflektiert zum Beispiel nur einen Teil des empfangenen Lichts, nämlich jenen, der aus Rot und Grün besteht. Sie reflektiert also die Zweitfarbe des Lichts Gelb. Eine gekalkte Wand reflektiert das gesamte Licht, das auf sie fällt, also die Summe aller Lichtfarben. Sie ist weiß. Schwarzer Samt absorbiert dagegen alles Licht. Seine schwarze Farbe bedeutet entsprechend der Farbenlehre, mit der wir uns hier befassen, die völlige Abwesenheit von Licht.

Wenn die Synthese der drei Grundfarben des Lichts Weiß ergibt und uns gleichzeitig bekannt ist, daß eine Zweitfarbe des Lichts aus der Summe zweier Grundfarben des Lichts besteht, braucht man nur die fehlende dritte Grundfarbe hinzuzufügen, um erneut weißes Licht zu erhalten. Drei Paare erfüllen diese Bedingung: Rot und Zyanblau, Dunkelblau und Gelb sowie Grün und Magenta. Bei der ersten Farbe handelt es sich jeweils um eine Grundfarbe, bei der zweiten um die Zweitfarbe aus der Summe der beiden anderen Grundfarben. Diese Farbenpaare bezeichnet man daher als Komplementärfarben.

Abb. 7: Dieses Schema zeigt das Phänomen der Zusammensetzung weißen Lichts mit Hilfe der drei Farbstrahlen Grün, Rot und Dunkelblau, also den Grundfarben des Lichts. Bei paarweiser Überlagerung der Lichtstrahlen entstehen die Zweitfarben des Lichts Gelb, Magenta und Zyanblau. Die Mischung aller Lichtfarben ergibt weißes Licht.

Abb. 8: Weiße Körper (A) reflektieren alle Spektralfarben, was dem weißen Licht entspricht. Schwarze Körper (B) absorbieren alles Licht, das auf sie fällt. Ein roter Körper (C) absorbiert alle Lichtfarben mit Ausnahme von Rot. Gelbe Körper (D) absorbieren Dunkelblau und reflektieren Grün und Rot, deren Mischung der Lichtfarbe Gelb entspricht. Ein Körper in Magenta (E) reflektiert Rot und Dunkelblau, deren Mischung Magenta ergibt.

Rot, Grün, u. Blau sind die Grundfarben des Lichtes

7

8

Grundfarben, Zweitfarben, Drittfarben

Auf den vorigen Seiten haben wir festgestellt, daß alle farbigen Körper Licht reflektieren und daß dieses sich aus einer bestimmten Kombination von Farben (Lichtfarben) zusammensetzt. In diesem Buch geht es jedoch nicht um das Mischen von Licht, sondern von Farben. Weshalb behandeln wir die Lichtfarben trotzdem so ausführlich? Weil sie uns helfen, die Logik jener Farben zu begreifen, die Sie und mich interessieren und die alle Künstler verwenden: die **Pigmentfarben**.

Pigmentfarben sind farbige Substanzen, die mit Öl (bei Ölfarben), Gummiarabikum (bei Aquarellfarben) oder einem anderen Medium gebunden werden, mit dem sie sich auf dem Papier, der Leinwand, dem Holz etc. verstreichen lassen und darauf haften bleiben. Beim Malen decken wir das Weiß (das weiße Licht) der Leinwand oder des Papiers mit einer anderen Farbe ab: Es verbleibt nur ein Lichtrest. Durch Mischung zweier Farben erhalten wir eine weitere, die soviel Licht absorbiert wie die beiden ursprünglichen Farben zusammen. Beim Mischen zweier Pigmentfarben erreichen wir also das Gegenteil der Mischung von Lichtfarben durch *additive Synthese*: Die Mischung von Pigmentfarben ergibt eine *Synthese durch Subtraktion*.

Es sei daran erinnert, daß sich das Licht beim „Malen" der Körper dreier intensiver – also dunkler – Lichtfarben bedient, die bei paarweiser Mischung drei hellere Farben ergeben und zu gleichen Teilen gemischt das weiße Licht wieder zusammensetzen. Wir Künstler malen jedoch nicht mit Licht. Besser ausgedrückt: *Wir erhalten keine helleren Farben aus der Mischung dunklerer.* Also müssen wir die Wertigkeit oder die Rangfolge der sechs Spektralfarben umkehren und können sagen:

Unsere Grundfarben entsprechen den Zweitfarben des Lichts und umgekehrt: Unsere Zweitfarben sind die Grundfarben des Lichts.

Pigmentgrundfarben (Abb. 10):

Zyanblau, Magenta, Gelb

9

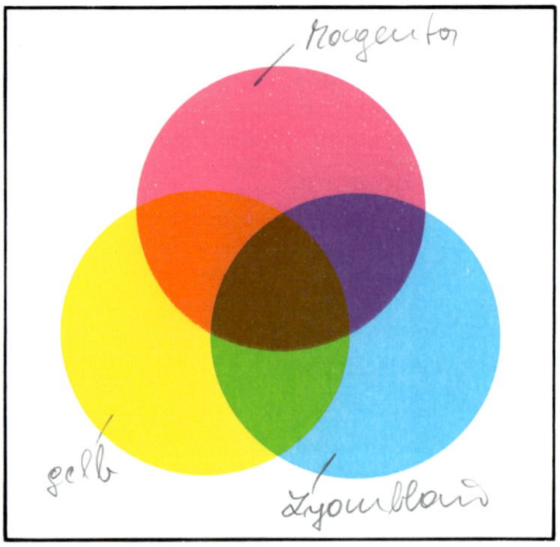

10

11

12

Pigmentzweitfarben aus der paarweisen Mischung der Grundfarben (Abb. 11):

Magenta + Gelb = Rot
Gelb + Zyanblau = Grün
Zyanblau + Magenta = Dunkelblau

Mischt man eine Grundfarbe mit der ihr im Farbenkreis am nächsten liegenden Zweitfarbe, erhält man die *Pigmentdrittfarben (Abb. 12):*

Gelb + Grün = Hellgrün
Grün + Zyanblau = Chromoxidgrün
Zyanblau + Dunkelblau = Ultramarin
Dunkelblau + Magenta = Violett
Magenta + Rot = Karmin
Rot + Gelb = Orange

Abb. 9: Die drei Kreise dieser Abbildung entsprechen den Pigmentgrundfarben Magenta, Zyanblau und Gelb. Ihre paarweise Mischung ergibt Dunkelblau, Grün und Rot, die Zweitfarben der Pigmentfarben. Rot erhält man aus der Mischung von Magenta und Gelb; Grün besteht aus einer Mischung von Gelb und Zyanblau; Dunkelblau entsteht aus der Mischung von Magenta und Zyanblau. Die Mischung aller Grundfarben zu gleichen Teilen ergibt theoretisch Schwarz.

Abb. 10 bis 12: Bei den Farben der oberen Reihe handelt es sich um die Pigmentgrundfarben Magenta, Zyanblau und Gelb. Die zweite Reihe zeigt die Pigmentzweitfarben Dunkelblau, Grün und Rot. Die dritte und vierte Reihe umfassen die Pigmentdrittfarben aus der paarweisen Mischung einer Grundfarbe mit einer Zweitfarbe: Orange, Karmin, Violett, Purpur, Chromoxidgrün und Gründgelb.

Abb. 13 und 14: Das Sonnenlicht „malt" mit Lichtfarben (Abb. 13), während der Künstler Pigmentfarben verwendet (Abb. 14). Aufgrund der völligen Übereinstimmung beider Farben (die Grundfarben des Lichts entsprechen den Zweitfarben der Pigmentfarben) kann der Maler alle Nuancen der Natur getreulich wiedergeben.

Sonnenlicht „malt" mit Lichtfarben

13

Künstler verwendet Pigmentfarben

14

Durch Mischen der Pigmentgrundfarben lassen sich ALLE Farben der Natur erzielen.

Alle mit Ausnahme einer: dem Weiß. Erinnern wir uns, daß die Mischung von Pigmentfarben Licht absorbiert und daher dunklere Töne entstehen. Mischt man die drei Pigmentgrundfarben zu gleichen Teilen, ergibt sich eine völlige Abwesenheit von Licht, also Schwarz. Aus diesem Grund – und einigen weiteren, von denen noch die Rede sein wird – arbeiten wir in diesem Buch ebenfalls mit der weißen Farbe. Erinnern Sie sich, was wir über die Komplementärfarben des Lichts gesagt haben? Nun, bei den Pigmentfarben sind es die gleichen Paare:

Magenta ist komplementär zu Grün.
Zyanblau ist komplementär zu Rot.
Gelb ist komplementär zu Dunkelblau.

Nur ergibt die Mischung zweier Komplementärfarben in diesem Fall nicht Weiß, sondern ein bräunliches Schwarz: die theoretische Abwesenheit von Licht.

15

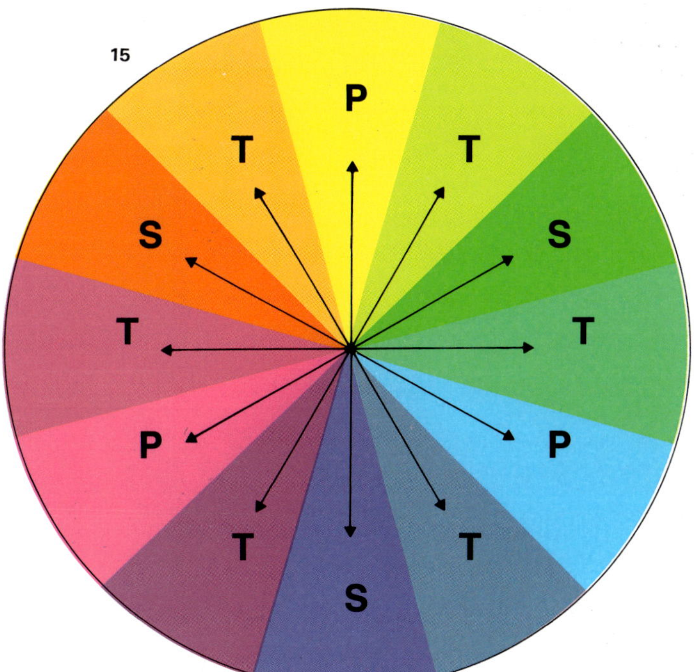

Abb. 15: Dieser Farbenkreis besteht aus den Grund- oder Primärfarben (P), den Zweit- oder Sekundärfarben (S) und den Dritt- oder Tertiärfarben (T).

P = Grund od. Primärfarben
S = Zweit od. Sekundärfarben
T = Dritt od. Tertiärfarben.

Farbmischungen mit Ölfarben

Beim Malen mit Ölfarben können wir eine Farbe während der Arbeit unmittelbar auf der Leinwand aufhellen oder abschatten, indem wir zum Beispiel Weiß untermischen oder einen anderen Ton darüberlegen. Zweifellos bedeutet dies für den Künstler einen großen Vorteil. Hat er sich geirrt, kann er selbst bei bereits getrockneter Farbe Verbesserungen vornehmen (indem er sie übermalt). Dieser Umstand führt zu einer charakteristischen Malweise des Profis. Um nachzuprüfen, ob seine Farbtöne korrekt sind, macht er „Probestriche" auf der Leinwand. Er trägt annähernde Töne auf, die er nötigenfalls an Ort und Stelle mit neuen Pinselstrichen unmittelbar auf der Leinwand mischt, bis er die richtige Nuance gefunden hat. So arbeiten alle Ölmaler, seit dieses Verfahren vor fast 500 Jahren entdeckt wurde.

Auch Velazquez irrte sich gelegentlich. Abbildung 16 zeigt eine seiner berühmten nachträglichen „Reuen" (für die Velazquez ebenfalls berühmt war). Für die endgültige Version des Bildes wurden die Pferdehufe nachträglich vom Künstler verbessert. Der Zahn der Zeit machte den ursprünglichen Fehler in der Anordnung der Hufe jedoch infolge der dünnen darüberliegenden Farbschicht sichtbar. Bei der Anfertigung des Werkes war er selbstverständlich durch die Übermalung völlig abgedeckt worden. Schließlich malte Velazquez mit Ölfarben.

16

17

18

Abb. 18 bis 20: Aufgrund ihres Deckungsvermögens ermöglichen die Ölfarben sämtliche Verbesserungen. Die falschen Farben der Rose (Abb. 19) lassen sich mühelos durch Übermalen mit der korrekten Nuance korrigieren (Abb. 20).

19

20

Abb. 16: Diego Velazquez (1599–1660), *Reiterporträt von Philipp IV.*, Prado, Madrid.

Abb. 17: Links reines Blau und Grün, wie es aus der Tube kommt. Rechts die entsprechenden Töne aus der Mischung mit Weiß und Gelb. Darauf zwei Farbflecken, die den Untergrund perfekt abdecken. Er scheint nicht durch.

Farbmischungen mit Aquarellfarben

Aquarellfarben und Ölfarben gleichen sich sozusagen wie Tag und Nacht. Während sich die Ölfarben durch Kraft, Undurchsichtigkeit und die Möglichkeit zum Verbessern und Überlagern von Schichten auszeichnen, finden wir beim Aquarell Transparenz und eine spontane Technik. Beim Malen mit Aquarellfarben sind keine nachträglichen Verbesserungen möglich. Man kann höchstens eine Farbe vor dem Trocknen abschatten oder einen Ton mit einer Lasur überziehen, arbeitet jedoch immer von hell nach dunkel. Der Künstler muß die hellsten Stellen vorab festlegen und das Papier dort aussparen. Daher stammen die zahlreichen weißen Stellen in einem Aquarell. Unten rechts auf dieser Seite zeigen wir die progressive Aufhellung einer Farbe (Abb. 25) durch zunehmende Verdünnung mit Wasser. Aus den Abbildungen 26 und 27 geht hervor, wie aus der Überlagerung zweier Töne deren Mischung entsteht. Außerdem zeigen wir vier entscheidende Stadien beim Aussparen von Weiß mit Hilfe von Rubbelgummi: die Vorzeichnung mit der ausgesparten Blüte (Abb. 21); das Aquarellieren unter Aussparung der Fläche (Abb. 22); das Nuancieren und das Entfernen des Rubbelgummis (Abb. 23) sowie die fertige Arbeit (Abb. 24).

Abb. 21 bis 24: Stellen, die ausgespart werden sollen, werden mit Rubbelgummi abgedeckt (Abb. 21). Nach dem Auftragen der Aquarellfarben (Abb. 22) wird der Gummi durch Rubbeln wieder entfernt (Abb. 23). Zum Abschluß brauchen die Formen nur noch ausgearbeitet und nuanciert zu werden (Abb. 24).

Abb. 25 bis 27: Mischen von Aquarellfarben durch Verdünnen (Abb. 25) und Überlagern von Nuancen. Die Überlagerung von Blau und Gelb (Abb. 26) ergibt Grün (Abb. 27).

21

22

23

24

25

26

27

Alle Farben aus drei Farben

Sehen Sie sich das Preußischblau, das Krappkarmin und das Gelb zitron gut an: Damit können Sie alle folgenden Farben mischen.

Abb. 28: Durch Mischung der drei Grundfarben Preußischblau, Krappkarmin und Gelb zitron lassen sich alle weiteren Farben herstellen.

28

Wie aus der linken Abbildung (Abb. 28) hervorgeht, ergibt die Zumischung von Weiß – bei den Ölfarben – sowohl bei Blau als auch bei Karmin eine außerordentliche breite Abstufung. Innerhalb dieser Skala tauchen auch jene Töne auf, die Zyanblau und Magenta entsprechen. Bei Gelb, das an sich schon sehr hell ist, ist die Abstufung kürzer. Das Ergebnis reicht jedoch, um das „theoretische" Gelb der Grundfarbe zu erhalten.
Bei der Ölmalerei braucht man also nur Weiß hinzuzufügen.

Abb. 29: José M. Parramón, *Landschaft*, Privatsammlung. Diese Landschaft in Öl wurde ausschließlich mit den drei Grundfarben gemalt.

29

Wenn Sie sich erinnern, was wir auf den vorigen Seiten zum Thema Farbenlehre gesagt haben, werden Sie feststellen, daß es sich hier nicht um die Grundfarben Magenta, Zyanblau und Gelb handelt, von denen die Rede war. Diese werden zwar häufig für grafische Arbeiten verwendet, jedoch nicht in der künstlerischen Malerei (obwohl einige Hersteller von Ölfarben sie inzwischen ebenfalls anbieten). Der Künstler benutzt andere Rot-, Blau- und Gelbnuancen. Das hat sich traditionell so ergeben, und daran scheint sich im Moment auch nichts zu ändern.
Doch nicht nur Gewohnheit oder Trägheit bestimmen dieses Verhalten. Mit Preußischblau, Krappkarmin und Gelb zitron lassen sich die Nuancen Zyanblau, Magenta und Gelb herstellen, die von der Theorie gefordert werden. Man braucht die Farben nur aufzuhellen.

Um diese Abstufungen bei Aquarellfarben zu erreichen (Abb. 31), müssen wir die Farben zunehmend mit Wasser verdünnen, da das Weiß – wie bereits erwähnt – von der Farbe des Papiers wiedergegeben wird. Auf den folgenden Seiten zeigen wir Ihnen, welches die theoretisch korrekten Töne sind und wie man sie erhält.

31

Abb. 31: Die Grundfarben der Aquarellfarben (Gelb zitron, Krappkarmin und Preußischblau), verdünnt mit Wasser.

Abb. 30: José M. Parramón, *Stadtlandschaft*. Keine der drei Grundfarben dieses Aquarells erscheint absolut rein. Trotzdem wurde das Bild ausschließlich mit ihnen angefertigt.

30

Begreifen Sie jetzt, welchen Vorteil es hat, mit diesen drei Farben zu malen?
Indem wir sie mit Weiß mischen bzw. mit Wasser verdünnen, erhalten wir die drei Grundfarben. Tragen wir sie auf, wie sie aus der Tube kommen, sind sie intensiv und reich und manchmal etwas dunkler als die Grundfarben, brauchen jedoch nicht abgestumpft zu werden.
Die beiden Werke auf dieser Doppelseite wurden mit Öl- (Abb. 29) bzw. Aquarellfarben (Abb. 30) angefertigt, und zwar ausschließlich mit Preußischblau, Krappkarmin und Kadmiumgelb zitron (plus Weiß bei den Ölfarben). Sie sind ein überzeugender Beweis dafür, daß man tatsächlich alle Farben aus den drei Grundfarben erhalten kann.

Material zum Mischen von Ölfarben

Auf dieser Doppelseite (Abb. 33) zeigen wir Ihnen jenes unverzichtbare Handwerkszeug, das Sie für die Durchführung aller in diesem Buch vorgeschlagenen Übungen benötigen. Sprechen wir zuerst von den Farben (1). Ölfarben werden in Zinntuben in drei verschiedenen Größen angeboten. Normalerweise wählt man die kleinen oder mittleren Tuben. Eine Ausnahme bildet Weiß, von dem man die große Tube kaufen sollte. Schmincke, Talens, Titan sowie Windsor & Newton bieten ein breites Sortiment von Künstlerfarben an.
Die traditionellen Paletten für die Ölmalerei bestehen aus Holz (2) und sind viereckig oder oval und in verschiedenen Größen erhältlich.
Ferner benötigen Sie einen Spachtel von der Form einer Maurerkelle (3) zum Reinigen der Palette nach jedem Arbeitstag.
Pinsel (4): Man sollte mindestens vier oder fünf Flachpinsel und drei oder vier Rundpinsel der Nummern 6, 8, 12 und 14 zur Verfügung haben. Wegen ihrer Festigkeit sind Schweinsborstenpinsel am geeignetsten. Man kann allerdings auch mit Kunstfaserpinseln arbeiten.
Zum Entfernen des Farbüberschusses aus dem Haarkörper während der Arbeit nimmt man am besten zerschnittenes Zeitungspapier (5) und zum Abschluß einen Lappen (6). Als Verdünner für Ölfarben verwendet man normalerweise Balsamterpentin (7). Das Gefäß für diesen Verdünner sollte aus Metall, Glas oder sehr festem Kunststoff bestehen (8). Nach dem Malen müssen die Pinsel gründlich gereinigt werden – zunächst mit Zeitungspapier und Lappen, um die Farbe zu entfernen, und anschließend mit Wasser und Seife.
Man kann ohne weiteres auf dickem Papier (9) malen, das mit Heftzwecken (10) auf einem Zeichenbrett (11) befestigt wird. Eine Staffelei ist nicht unbedingt erforderlich. Abbildung 32 zeigt, wie man nur mit einem Stuhl als Stütze für das Zeichenbrett auskommt.

32

Abb. 32: Zum Üben der Mischungen mit Ölfarben benötigt man keine Staffelei. Es genügt, wenn man eine Leinwand oder ein dickes Blatt Papier mit Heftzwecken auf einem Zeichenbrett befestigt und dieses gegen eine Stuhllehne stützt.

Abb. 33: Material zum Malen mit Ölfarben: Farbtuben (1), Palette (2), Spachtel (3), Schweinsborstenpinsel (4), Blätter aus Zeitungspapier (5), Lappen (6), Balsamterpentin (7), Napf für das Terpentin (8), dickes Papier (9), Heftzwecken (10) und ein Zeichenbrett (11).

33

6
5
7
BLOCKX
Essence de Térébenthine
4
Pinseln
8
dickes Papier
9
11
10
1
VAN GOGH
OIL COLOUR
Farb Tuben

Material zum Mischen von Aquarellfarben

Die Abbildung auf dieser Doppelseite (Abb. 34) zeigt das benötigte Material für die Aquarellmalerei. Die Farben sind als cremige Tubenfarben und in Tablettform in Künstlerqualität erhältlich. Als übliches Arbeitsgerät empfehlen wir einen Palettkasten aus Metall mit Näpfen für 12 oder 24 Farben (1). Er ist bequem, leicht zu transportieren und erspart einem lange Vorbereitungen zum Malen. Um die Farbmengen und die Mischungen für die folgenden Übungen besser kontrollieren zu können, sollten Sie sich darüber hinaus die Grundfarben als cremige Tubenfarben besorgen. Von Schmincke, Talens sowie Windsor & Newton sind Aquarellfarben von ausgezeichneter Qualität in beiden Ausführungen zu bekommen. Aquarellpapier ist als Einzelblätter sowie als verleimter Block erhältlich. Letzterer (2) ist empfehlenswerter. Das Papier sollte ein mittleres Korn und mindestens das Format 30 x 40 cm besitzen. Erhältlich sind solche Blocks u.a. von Arches, Canson, Fabriano, Grumbacher, Guarro und Schoellershammer.

Für die Aquarellmalerei eignen sich am besten Rotmarderpinsel (3). Sie sind am teuersten, halten bei sorgfältiger Pflege jedoch jahrelang. Sorgfältig heißt in diesem Zusammenhang, daß man sie nicht mit dem Haarkörper nach unten in ein Wassergefäß stellt und sie nach jeder Sitzung mit klarem Wasser reinigt. Drei Rundpinsel der Nummern 8 und 14 sowie ein Flachpinsel von 2 oder 3 cm Breite reichen aus. Ferner benötigt man ein großes Gefäß aus Glas oder Kunststoff (4), Saugpapier zum Entfernen des Wasserüberschusses im Pinsel oder auf dem Papier (5), einen Schwamm zum Anfeuchten großer Flächen (6) sowie ein Glas mit Rubbelgummi für die Aussparungen. Letzterer wird mit einem Kunstfaserpinsel aufgetragen, keinesfalls mit einem aus Rotmarderhaar (7). Auch in diesem Fall benötigen Sie ein Zeichenbrett und Heftzwecken zum Befestigen des Papiers (8). Auf der Abbildung finden Sie ferner ein Stäbchen Zeichenkohle. Beachten Sie es nicht; niemand weiß, was es hier zu suchen hat (und entschuldigen Sie bitte die Unaufmerksamkeit).

Ideal ist es, wenn man auf einer Tischstaffelei mit geneigtem Zeichenbrett arbeitet und so sitzt, daß man nahe am Papier malen kann (Abb. 33). Sie können das Papier jedoch auch auf ein Zeichenbrett spannen und an die Rückenlehne eines Stuhls stützen (wie bei Abb. 32, vorige Seite).

33a

Abb. 33a: Für die Aquarellmalerei wurde eine Tischstaffelei entwickelt. Man kann sie jedoch durch einen Stuhl ersetzen, an dessen Rückenlehne man das Zeichenbrett stützt.

Abb. 34: Material zum Malen mit Aquarellfarben: Palettkasten mit Fächern für feuchte Aquarellfarben (1), verleimter Block Aquarellpapier (2), Pinsel (3), Wassergefäß (4), Rolle Saugpapier (5), Schwamm (6), Rubbelgummi (7), Zeichenbrett und Heftzwecken (8).

Saugpapier
5
8
4
Rubbelgummi
7
liquid frisket
Flachpinsel
2-3 cm
Schwamm
3
Rotmarderpinsel
8 + 14
Schminke
2
verleimter Block
mind. 30 x 40

Alles im vorigen Kapitel Gesagte war eine unverzichtbare Vorbereitung für die Übungen im Mischen von Farben. Nachdem Sie nun die theoretischen Grundlagen kennen und wissen, welches Material Sie benötigen, ist der Augenblick gekommen, zur Praxis zu schreiten.
Die Übungen auf den folgenden Seiten bereiten keine übermäßigen Schwierigkeiten. Sie sind so konzipiert, daß Sie mit Hilfe der Instruktionen im Text methodisch zu den Ergebnissen gelangen, die die Abbildungen zeigen.
Die Übungen dienen einem doppelten Zweck: Sie beweisen die Theorie der Farbenlehre in der Praxis und machen Sie gleichzeitig anhand einfacher Mischungen mit dem Material vertraut. Es lohnt sich, sie durchzuführen. Es ist die beste Methode, mit dem Malen zu beginnen, vielleicht sogar die einzige. Sie besteht darin, alles von Grund auf zu erlernen.

35

MISCHUNGEN MIT DEN GRUND- UND ZWEITFARBEN SOWIE WEISS UND SCHWARZ

Mischungen mit den Grundfarben in Öl

Und nun ans Werk. Zunächst sollen Sie versuchen, die richtige Stärke von Zyanblau, Magenta und Gelb zu erreichen. Arbeiten Sie dafür mit den Ölfarben Preußischblau, Krappkarmin und Kadmiumgelb zitron (sowie Titanweiß). Anschließend werden Sie durch Mischung dieser Grundfarben die Zweitfarben Rot, Grün und Dunkelblau herstellen.

Die obere Reihe mit den Abbildungen 36, 37 und 38 zeigt die Farben Zyanblau, Magenta und Gelb in der korrekten Stärke. Diese Farben müssen Sie erreichen.

Es ist ganz einfach. Geben Sie Blau, Karmin, Gelb und Weiß auf Ihre Palette. Nehmen Sie ein wenig Weiß, und verstreichen Sie es neben dem Preußischblau. Heben Sie anschließend eine kleine Menge des Preußischblau auf, und mischen Sie es mit dem Weiß. Sie werden feststellen, daß ein intensives, leuchtendes Blau entsteht. Abbildung 36 zeigt eine Abstufung von Preußischblau von dunkel nach hell und darunter drei Tonstärken dieses Blaus. Das untere Farbmuster ist das korrekte (Abb. 39, GUT). Um es zu erreichen, brauchen Sie nur mehr oder weniger Blau zu Ihrer Mischung zu geben, je nachdem, ob Ihr Ton noch zu hell oder zu dunkel ist. Tragen Sie nach jedem Versuch ein Farbmuster auf die Leinwand (auf der Palette ist der genaue Farbton schwer festzustellen). Allerdings brauchen Sie nicht die ganze Palette mit immer neuen Mischungen zu bedecken. Es reicht (und ist besser), wenn Sie die Farbe direkt auf der Leinwand mit weiterem Weiß oder Blau aufhellen bzw. abschatten.

Abb. 35 (vorige Seite): Preußischblau, Gelb zitron und Krappkarmin, die drei Grundfarben.

Abb. 36 bis 38: Abstufungen der Ölfarben Preußischblau, Krappkarmin und Gelb zitron von dunkel nach hell durch Zugabe von Weiß.

Es klappt, nicht wahr? Führen Sie dasselbe Verfahren nun mit Karmin und Gelb durch. Beachten Sie, daß Sie nicht allzuviel Weiß zu letzterem zu geben brauchen, um den korrekten Ton zu erzielen. Nehmen Sie unbedingt einen gesonderten Pinsel für jede Farbe.
Die Zweitfarben erhalten Sie auf dieselbe Weise, gehen Sie dabei von den vorigen Mischungen aus. Mischen Sie kleine Mengen Blau, Karmin und Gelb mit Weiß (in den notwendigen Stärken), und arbeiten Sie mit diesen Mischungen, als handelte es sich um die reinen Tubenfarben. Sie können die Grundfarben Preußischblau, Krappkarmin und Kadmiumgelb zitron mittel auch paarweise mischen und den Ton mit Weiß aufhellen. Das Ergebnis muß in jedem Fall mit den Farbmustern auf dieser Seite übereinstimmen (Abb. 40).

40

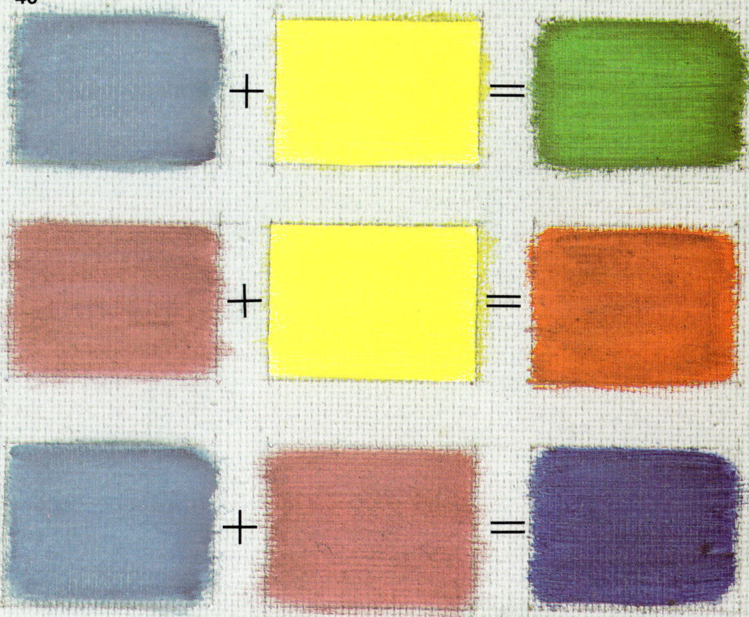

Abb. 39: Drei unterschiedlich starke Töne von Preußischblau, Krappkarmin und Gelb zitron. Die Farben der oberen Reihe sind zu hell, während die mittleren zu dunkel ausgefallen sind. Die drei Farben der unteren Reihe sind dagegen korrekt und entsprechen den Grundfarben Zyanblau, Magenta und Gelb.

Abb. 40: Mischung einer Grundfarbe mit ihrer jeweiligen Zweitfarbe. Von oben nach unten und links nach rechts: Zyanblau und Gelb ergibt Grün; Magenta und Gelb ergibt Rot; Zyanblau und Magenta ergibt Dunkelblau.

Abb. 41: Grund- und Zweitfarben, wie sie für die Ölmalerei in Tuben erhältlich sind.

Abb. 42: Der Farbenkreis mit den drei Grund- oder Primärfarben (P), den drei Zweit- oder Sekundärfarben (S) und den sechs Dritt- oder Tertiärfarben (T).

42

41

Mischungen mit den Grundfarben in der Aquarelltechnik

Folgendes Material benötigen Sie zum Mischen der Grundfarben: Aquarellpapier mit mittlerem Korn, drei Näpfe für die Farben, einen Rotmarderpinsel, ein großes Gefäß mit sauberem Wasser und die cremigen Aquarellfarben in der Tube.

Wie bei der Übung auf den vorigen Seiten beginnen wir mit der Herstellung der drei Grundfarben aus Preußischblau, Krappkarmin und Kadmiumgelb mittel. Geben Sie eine kleine Menge von jeder Farbe in die Näpfchen und . . . Fertig?

Legen Sie nun einen Streifen Preußischblau auf das Papier, hellen Sie diesen fortlaufend mit Pinsel und Wasser auf, und Sie erhalten eine Abstufung ähnlich der von Abbildung 43. Klappt es? Im Verlauf dieser Abstufung hellt sich das Blau auf, bis es quasi in das Weiß des Papiers übergeht. Zu einem bestimmten Zeitpunkt nimmt es eine Nuance wie auf Abbildung 46 (GUT) an, die der Grundfarbe Zyanblau entspricht. Mit dieser Nuance arbeiten Sie anschließend weiter. Geben Sie also Wasser in das Näpfchen, verdünnen Sie die Farbe, und hellen Sie sie auf, bis Sie die präzise Nuance erreicht haben. Um nachzuprüfen, ob es so ist, stellen Sie nach jeder Zugabe von Wasser ein Farbmuster auf dem Papier her. Vergrößern Sie die Wassermenge allmählich, sonst hellt sich der Ton zu stark auf und Sie müssen weitere Tubenfarbe zur Mischung geben.

Verfahren Sie ebenso mit Krappkarmin und Kadmiumgelb mittel, bis Sie jenes Magenta und Gelb erreichen, das wir hier abgebildet haben (Abb. 44 und 45). Vergessen Sie nicht, den Pinsel mit sauberem Wasser zu reinigen, bevor Sie die Farbe wechseln.

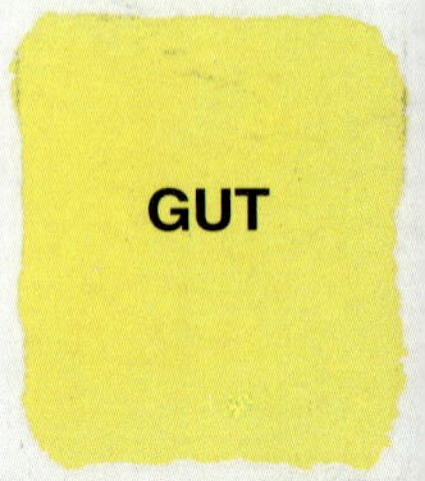

Abb. 43 bis 45: Abstufung der Aquarellfarben Preußischblau, Krappkarmin und Gelb zitron durch Zugabe von Wasser.

Abb. 46: Verschiedene Nuancen von Preußischblau, Krappkarmin und Gelb zitron durch Zugabe von Wasser. Nur die drei Nuancen der unteren Reihe entsprechen den Grundfarben Zyanblau, Magenta und Gelb zitron.

In der Aquarellmalerei IMMER von HELL nach DUNKEL arbeiten.

Die Abbildung nebenan (Abb. 47) zeigt die Zweitfarben, die sich aus der paarweisen Mischung der Grundfarben ergeben. Um Rot zu erhalten, legen Sie zum Beispiel einen gelben Fleck an und fügen anschließend etwas Karmin hinzu. Mischen Sie beide Farben auf dem Papier, und geben Sie nach und nach die entsprechende Menge Karmin hinzu, bis die abgebildete Farbe erreicht ist. Vergessen Sie nicht, daß man bei der Aquarellmalerei stets von hell nach dunkel arbeitet und der Ton bei jeder neuen Mischung dunkler wird. Ist Ihr Rot zu dunkel geworden, müssen Sie den Pinsel reinigen und von vorn beginnen. Aber ich bin sicher, daß Ihnen die Farbe auf Anhieb gelingt.
Bei den anderen Mischungen arbeiten Sie nach demselben Verfahren. Wenn Sie die Pinsel vor jedem Farbwechsel sorgfältig reinigen, werden Sie keine Schwierigkeiten damit haben.
Zum Abschluß erlaube ich mir, Ihre Aufmerksamkeit auf die sich überlagernden Farben im Farbenkreis (Abb. 48) und die Aquarell-Tubenfarben zu richten, die Sie unten auf dieser Seite reproduziert finden. Beide Abbildungen zeigen die drei Grundfarben und die drei Zweitfarben, das heißt, dieselben Nuancen, die ich mit den Mischungen von Abbildung 47 gemalt habe. Halten Sie sich an die Töne und Nuancen von Abbildung 48 und 48A, um die Mischungen von Abbildung 47 zu vervollkommnen, die Sie anfertigen sollen.

Zweitfarben
Grundfarben

47

Vor jedem Farbwechsel Pinsel immer sorgfältig reinigen.

Abb. 47: Paarweise Mischungen von Grundfarben, um die Zweitfarben der Aquarellfarben zu erhalten.

Abb. 48 und 48A: Grund- und Zweitfarben als cremige Tubenfarben. Es handelt sich um dieselben Nuancen, die im nebenstehenden Farbenkreis erscheinen. Dort entstehen aus der Überlagerung der drei Primärfarben (P) Gelb, Zyanblau und Magenta die drei Sekundärfarben (S) Rot, Grün und Dunkelblau.

48 A

P = Grundfarben
S = Zweitfarben

48

Mischungen von Drittfarben aus Grund- und Zweitfarben in Öl

Eine Drittfarbe erhält man, indem man eine Grundfarbe mit einer Zweitfarbe mischt. Zumindest ist das theoretisch der Fall. Die Farbenlehre sagt uns jedoch, daß nicht aus jeder Mischung einer Grundfarbe mit einer Zweitfarbe eine Drittfarbe entsteht.

Die Mischung bestimmter Grundfarben mit einer Zweitfarbe ergibt nämlich Grau. Wir wissen bereits, daß die Mischung der drei Grundfarben zu gleichen Teilen theoretisch sehr dunkles, beinahe schwarzes Grau ergibt. Aus der Farbenlehre sowie aus der Praxis ist uns ebenfalls bekannt, daß die Zweitfarbe aus einer Mischung zweier Grundfarben zu gleichen Teilen besteht. Die Mischung bestimmter Grundfarben mit bestimmten Zweitfarben ergibt daher dasselbe Resultat, als wenn wir die drei Grundfarben zu gleichen Teilen untereinander mischen, nämlich Dunkelgrau. Aus dem Gesagten und dem, was wir auf den vorigen Seiten über die Farbenlehre erfahren haben, läßt sich eine interessante Schlußfolgerung ziehen: Die Paare aus einer Grund- und einer Zweitfarbe, die in der Mischung Dunkelgrau ergeben, sind zueinander komplementär.

Daraus folgt ein neues Gesetz: Mit Ausnahme der Komplementärfarben ergibt jede Mischung einer Grundfarbe mit einer Zweitfarbe eine Drittfarbe.

In den Farbenkreisen in Öl bzw. Pastell gegenüber (Abb. 50 und 51) sind die Grund- oder Primärfarben (P), die Zweit- oder Sekundärfarben (S) und die Dritt- oder Tertiärfarben (T) eingezeichnet.

49

Abb. 49: Mischungen von Grund- und Zweitfarben in Öl, um die entsprechenden Drittfarben zu erhalten.

Die Zweitfarben haben Sie bereits aus Mischungen ausschließlich mit den drei Grundfarben und Weiß erhalten. Für die hier abgebildeten Drittfarben (Abb. 49) brauchen Sie die Zweitfarben nur in der angegebenen Reihenfolge zu mischen.

Ich empfehle Ihnen, vor Beginn der Arbeit eine gewisse Menge der Zweitfarben mit dem Spachtel aus den Grundfarben plus Weiß zu mischen und damit die Drittfarben herzustellen. Dadurch ersparen Sie sich ständige neue Mischungen für jede einzelne Farbe.

50

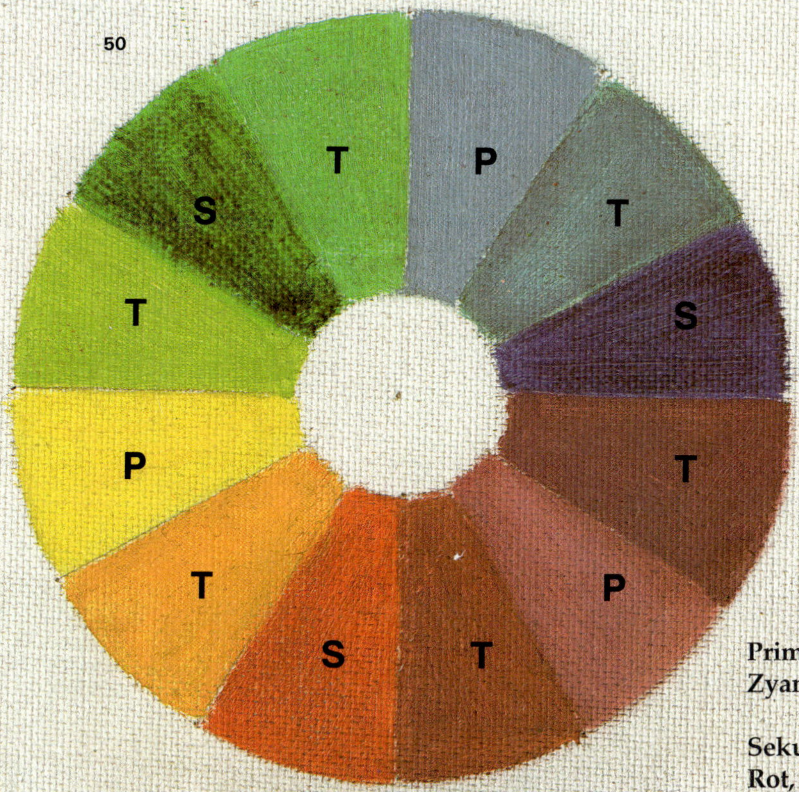

Abb. 50: Farbenkreis mit den Primärfarben (P), den Sekundärfarben (S) und den Tertiärfarben (T) in Öl.

Abb. 51: Farbenkreis, mit Pastellkreiden gemalt.

Primärfarben (P)
Zyanblau, Magenta, Gelb

Sekundärfarben (S)
Rot, Grün, Dunkelblau

Tertiärfarben (T)
Gelbgrün, Chromoxidgrün, Violett, Purpur, Karmin, Orange

51

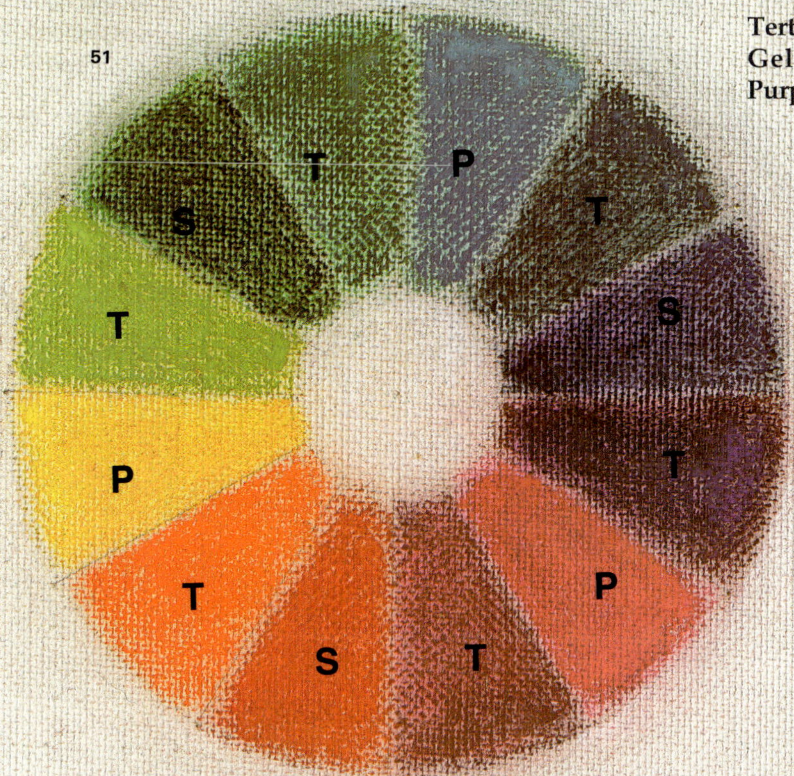

Mischungen von Drittfarben aus Grund- und Zweitfarben als Aquarell

Was Sie dafür benötigen, wissen Sie bereits: Papier mit mittlerem Korn, Rotmarderpinsel, großes Wassergefäß, Näpfchen, Farben – und Saugpapier. Geben Sie zu Beginn die vorbereiteten Grundfarben in die Näpfchen: Zyanblau, Magenta und Gelb, die Sie aus mit Wasser verdünntem Preußischblau, Krappkarmin und Kadmiumgelb mittel erhalten haben.
Arbeiten Sie nach folgendem Verfahren: Geben Sie mit einem Pinsel eine Zweitfarbe auf das Papier, hellen Sie sie mit Wasser auf, und fügen Sie mit einem anderen sauberen Pinsel eine der Grundfarben hinzu, bis Sie die entsprechende Drittfarbe erhalten haben. Wie bereits erwähnt, klappt dies nicht bei allen Mischungen aus Grund- und Zweitfarben. Unmöglich ist es bei den sich gegenüberliegenden Komplementärfarben Zyanblau und Rot, Magenta und Grün sowie Gelb und Dunkelblau.
Sehen Sie sich die nebenstehende Tafel an (Abb. 52), erkennen Sie, daß die genannten drei Mischungen darin fehlen. Probieren Sie sie aus, stellen Sie fest, daß keine Drittfarbe entsteht, sondern sehr dunkles Grau.
Vergessen Sie nicht, immer von hell nach dunkel zu arbeiten. Beginnen Sie mit der helleren Farbe, und fügen Sie anschließend die dunklere hinzu. Bei der Mischung von Gelb und Grün geben Sie also Grün zu Gelb und nicht umgekehrt. Nur auf diese Weise können Sie die Mischung genau kontrollieren.
Nachdem Sie die Drittfarben erhalten haben, sind Sie bereits in der Lage, einen Farbenkreis wie auf der Seite gegenüber zu malen, indem Sie die Grund-, Zweit- und Drittfarben entsprechend anlegen (Abb. 53).

52

Abb. 52: Mischungen aus den Grund- und Zweitfarben, um die Drittfarben als Aquarell zu erhalten.

Abb. 53: Farbenkreis aus Aquarellfarben.

Abb. 54: Farbenkreis, mit Farbstiften gemalt.

53

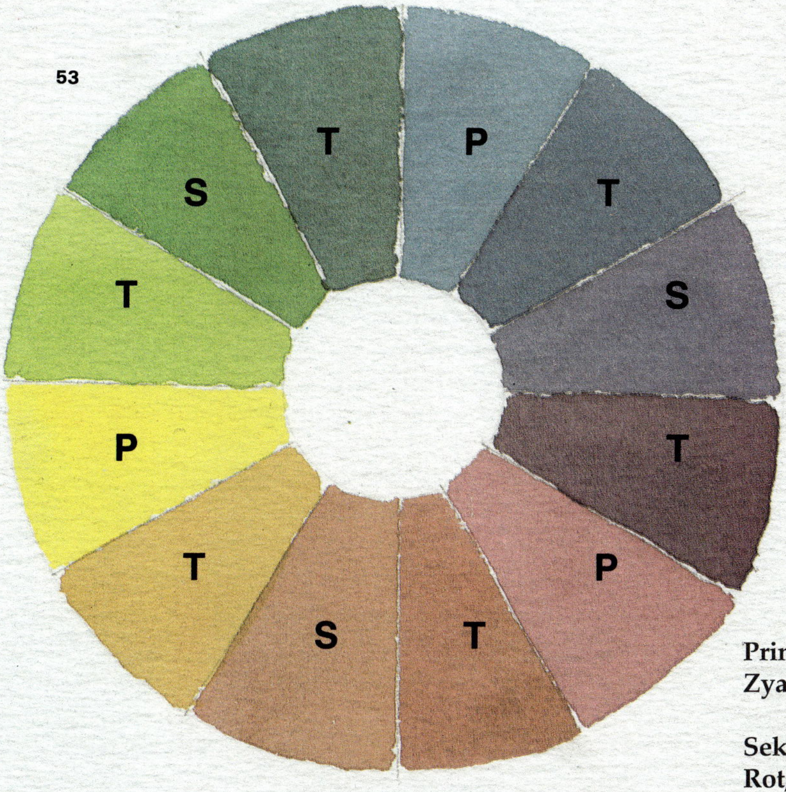

Primärfarben (P)
Zyanblau, Magenta, Gelb

Sekundärfarben (S)
Rot, Grün, Dunkelblau

Tertiärfarben (T)
Gelbgrün, Chromoxidgrün, Violett, Purpur, Karmin, Orange.

54

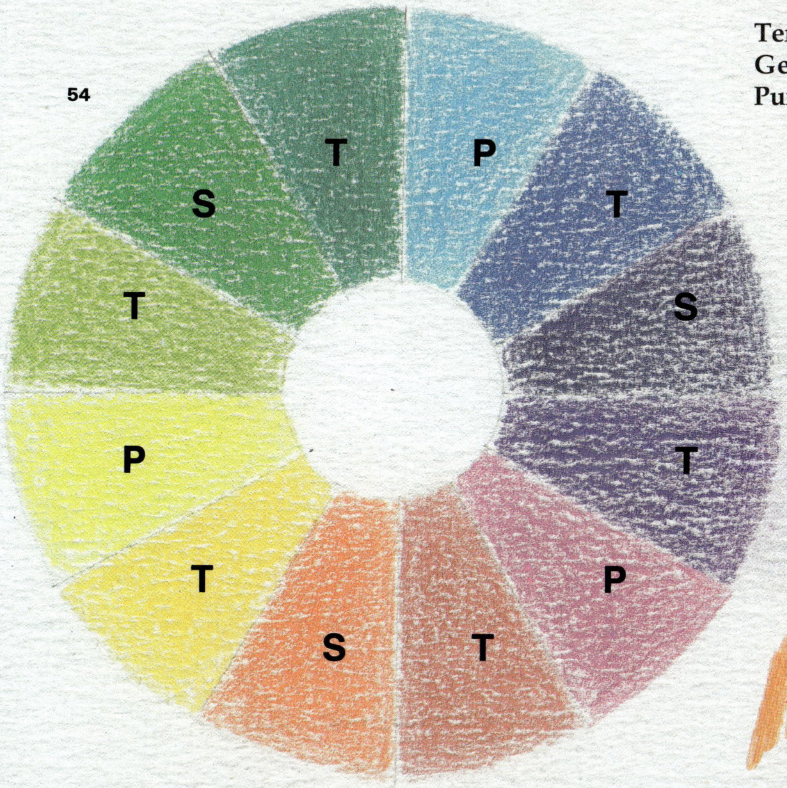

Mischen von Grund-, Zweit- und Drittfarben mit Weiß in Öl

Einer der Ausdrücke, der in der Praxis der Malerei und insbesondere beim Mischen der Farben am häufigsten fällt, ist die Farbintensität. Erklärt jemand, eine bestimmte Farbe sei intensiver als eine andere, ist uns sofort klar, daß diese bei einem Vergleich der beiden Farben kräftiger wirkt. Das kann zum Beispiel bei Zinnober und Olivgrün (mit einem rötlichen Graustich) der Fall sein. Zinnober ruft immer stärkere Aufmerksamkeit hervor als Olivgrün. Dieser Unterschied ist bei allen Farben festzustellen, wenn auch nicht immer so deutlich. Vergleichen wir zum Beispiel Zinnober mit Chromoxidgrün, (strahlend und leuchtend), erkennen wir nicht sofort, welche Farbe intensiver ist. Wahrscheinlich entscheiden wir uns für das Grün.

Jede Farbe des Farbenkreises besitzt ihre eigene Farbintensität. Diese kann im Verhältnis zu den übrigen Farben stärker oder schwächer sein und hängt von einem weiteren Faktor von größter Bedeutung ab: der Farbsättigung.

Eine Farbe ist gesättigt, wenn sie ihre größtmögliche Farbintensität, ihre größte Reinheit besitzt. Umgangssprachlich sagt man dazu: „Wenn sie so ist, wie sie aus der Tube kommt", also ungemischt. Beim Vergleichen von Farbstärken geht es daher in Wirklichkeit um deren Sättigung. Himmelblau und Kobaltblau sind nicht nur zwei verschiedene Farbtöne, sondern vor allem zwei unterschiedliche Sättigungsgrade derselben Farbe (vorausgesetzt, daß das Himmelblau aus Kobaltblau mit Weiß gemischt

Abb. 55: Abstufungen der Grund- und Zweitfarben in Öl nach Weiß.

55

wurde). Himmelblau ist also im Grunde „ungesättigtes" Kobaltblau – ein Blau, das gemindert und mit Weiß aufgehellt wurde. Diese Minderung der Farbsättigung mit Hilfe von Weiß vervielfacht den chromatischen Reichtum und das Harmonisierungsvermögen der einzelnen Farben und liefert uns eine unendliche Anzahl von Farbenskalen. Die Gradationsmöglichkeiten, die man durch Aufhellen mit Weiß erhält, sind jedoch nicht bei allen Farben gleich. Grün und Blau verlieren beim fortlaufenden Aufhellen kaum ihren „Charakter". Gelb wird dagegen schon nach kurzem Aufhellen beinahe farblos.

Auf dieser Doppelseite finden Sie – nach Grund-, Zweit- und Drittfarben geordnet – fünf Sättigungsgrade von jeder Farbe. Zur Durchführung der Übung müssen Sie jede Farbe solange mit Weiß mischen, bis Sie exakt das hier abgebildete Ergebnis erzielt haben, ohne daß sich „Brüche" (abrupte Wechsel der Sättigungsgrade) zwischen einer Farbe und der nächsten ergeben.

Abb. 56: Abstufungen der Drittfarben in Öl nach Weiß.

56

Mischen von Grund-, Zweit- und Drittfarben mit Schwarz in Öl

Anhand unserer Hinweise auf der vorigen Doppelseite haben Sie eine große Anzahl von Tönen und Nuancen angelegt, die sich aus der Mischung der Grund-, Zweit- und Drittfarben mit Weiß ergeben.
Im Rahmen dieser Nuancen war von der Farbsättigung die Rede, mit deren Hilfe sich eine ganze Reihe von Tönen für jede Farbe erzielen lassen.
Diese Möglichkeit beschränkt sich jedoch nicht auf das schrittweise Aufhellen der Farben, sondern ergibt sich auch durch deren Abschattung. Beim Mischen einer Farbe mit Schwarz verliert diese an Leuchtkraft. Das Abschatten verändert den typischen Ton der Farbe und führt zu einer anderen Nuancierung. Dies ist zum Beispiel bei Gelb der Fall, das in der Mischung mit Schwarz grünstichig wird, oder bei Rot, das erdfarben wird. Dieses Phänomen bedeutet nicht nur eine quantitative Bereicherung – eine Erhöhung der Anzahl der Farben –, sondern auch eine qualitative, denn es sorgt für Diversität.
Die auf dieser Doppelseite abgebildeten Farbserien entstanden aus der Mischung der einzelnen Grund-, Zweit- und Drittfarben in Öl mit Schwarz. Wie bei den Mischungen mit Weiß finden Sie auch hier je fünf Gradationen pro Farbe.
Die Übung ist zwar etwas aufwendig, aber sehr nützlich, um das erforderliche Wissen über die tonalen Möglichkeiten jener Farben zu erfahren, die über die Töne der

Abb. 57: Abstufungen der Grund- und Zweitfarben in Öl nach Schwarz.

57

Grund-, Zweit- und Drittfarben hinausgehen. Diese Möglichkeiten sind für die künstlerische Malerei ebenso wichtig oder noch entscheidender als die Kenntnis der Grundfarben.
Für die Durchführung der Übung haben Sie zwei Möglichkeiten: Entweder setzen Sie zunächst eine gewisse Menge der drei Grund- und Zweitfarben auf Ihrer Palette ab und arbeiten auf deren Grundlage; oder Sie stellen die fünf Gradationen Farbe für Farbe her und beginnen bei der Mischung jedesmal von vorn. Das zweite Verfahren ist bequemer und nicht so aufwendig und hat den zusätzlichen Vorteil, daß Sie nur jene Farbe auf der Palette haben, die Sie unbedingt für Ihre Mischungen benötigen.

Fügen Sie das Schwarz in kleinen Mengen hinzu, und halten Sie sich so genau wie möglich an die hier abgebildeten Töne, damit die Steigerung fortlaufend und stufenweise erfolgt.

Abb. 58: Abstufungen der Drittfarben in Öl nach Schwarz.

58

Mischen von Grund-, Zweit- und Drittfarbe durch Aufhellen bzw. Abschatten mit Weiß und Schwarz

59

60

Was wir über die Mischung der Zweitfarben der Aquarellfarben gesagt haben, gilt auch für diese Übung. Zunächst geht es darum, mit Hilfe der Grundfarben Preußischblau, Krappkarmin und Gelb zitron die Zweitfarben Dunkelblau, Grün und Rot herzustellen. Diese sechs Farben hellen wir zunächst einzeln bis Weiß auf und dunkeln sie anschließend bis Schwarz ab.

Auf den obigen Abbildungen (Abb. 59 und 60) nehmen die Grundfarben die drei ersten Säulen und die Zweitfarben die drei folgenden ein. Achten Sie darauf, daß die Abstufungen fortschreitend erfolgen (in vier Schritten), und versuchen Sie – durch Zugabe von Wasser im einen Fall und Schwarz im anderen – die genaue Farbstärke jedes einzelnen Tons zu erreichen.

Abb. 59 und 60: Abstufungen der Grund- und Zweitfarben in der Aquarelltechnik nach Weiß (Abb. 59) und Schwarz (Abb. 60).

61

62

Als Fortsetzung dieser Übung finden Sie auf den Abbildungen 61 und 62 die Abstufungen der Drittfarben bis Weiß und Schwarz.

Von links nach rechts entsprechen die Farben folgenden Mischungen: Preußischblau mit Dunkelblau; Krappkarmin mit Dunkelblau; Gelb zitron mit Grün; Preußischblau mit Grün; Magenta mit Rot sowie Gelb mit Rot.

Sorgen Sie wie bei den vorigen Übungen dafür, daß Sie die genauen Töne erreichen, ohne daß sich „Brüche" innerhalb der fortlaufenden Abstufungen mit Weiß und Schwarz ergeben.

Abb. 61 und 62: Abstufungen der Drittfarben in der Aquarelltechnik nach Weiß (Abb. 61) und Schwarz (Abb. 62).

Mischen von Schwarz – ohne Schwarz

Schwarz ist nicht irgendein Schwarz, sondern es kann karmin-, braun-, blau-, grünstichig etc. sein. Wohin es tendiert, hängt von der allgemeinen Farbenharmonie des Bildes ab, von der Skala, die es dominiert. Allgemein gesprochen, gibt es drei Arten von Schwarz: neutrales, warmes und kaltes.

Unten auf dieser Seite sehen Sie, welche Farben zur Komposition der drei Schwarz gehören. Neutrales Schwarz entsteht aus einer Mischung von Umbra gebrannt, Krappkarmin und Chromoxidgrün zu gleichen Teilen (Abb. 63). Karmin und Chromoxidgrün sind Komplementärfarben, die in der Mischung Dunkelgrau ergeben. Geben wir Umbra gebrannt hinzu, eine Farbe, die sich hervorragend zum Mischen von Grautönen und zum Abschatten eignet, erhalten wir ein praktisch perfektes, äußerst reiches, intensives Schwarz wie das Elfenbeinschwarz der Ölfarben.

Warmes Schwarz entsteht, indem man den Anteil von Chromoxidgrün auf die Hälfte reduziert (Abb. 64). Das Ergebnis ist ein dunkelrotstichiges warmes Schwarz. Ersetzt man das Krappkarmin durch Preußischblau und behält die Hälfte des Anteils von Chromoxidgrün bei (Abb. 65), bekommt man samtartiges blaustichiges, kaltes Schwarz.

Um die Tendenz der einzelnen Schwarz zu überprüfen, müssen Sie die Farbe mit Weiß aufhellen, wie die Abbildungen auf der folgenden Seite zeigen (Abb. 68A bis 70A). An den Grautönen, die daraus entstehen, erkennen Sie, wie warm, kalt oder neutral die Farbe ist. Weist das Grau eine andere Tendenz auf, als Sie es wünschen, brauchen Sie nur den Anteil der entsprechenden Komponente in der Mischung zu erhöhen oder zu verringern.

63

64

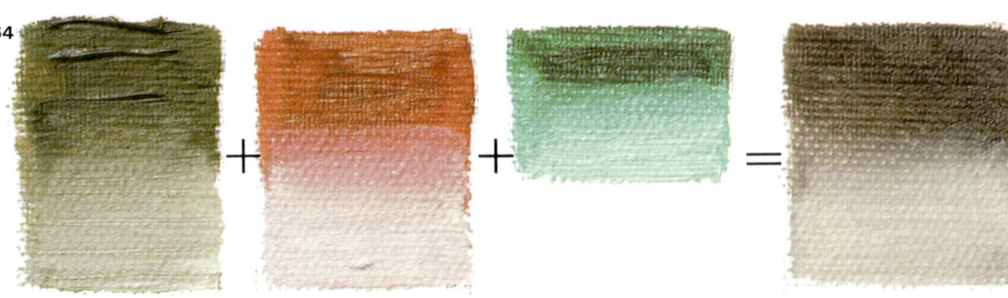

65

Abb. 63: Neutrales Schwarz erhält man aus der Mischung von Umbra gebrannt, Krappkarmin und Chromoxidgrün zu gleichen Teilen.

Abb. 64: Warmes Schwarz erhält man aus der Mischung von Umbra gebrannt, Krappkarmin und der halben Menge Chromoxidgrün.

Abb. 65: Kaltes Schwarz erhält man aus der Mischung von Umbra gebrannt, Preußischblau und der halben Menge Chromoxidgrün.

Abb. 66: José M. Parramón, *Neuer Platz*, Privatsammlung.

Abb. 66A: Vergrößerung des umrahmten Ausschnitts von Abbildung 66. Das Schwarz wurde mit der Mischung für die warme Farbe hergestellt.

Abb. 67: José M. Parramón, *Landschaft des Montseny*, Privatsammlung.

Abb. 67A: Vergrößerung des umrahmten Ausschnitts von Abbildung 67, dessen Schwarz kalt wirkt.

Abb. 68 und 68A: Zusammensetzung und Abstufung von neutralem Schwarz.

Abb. 69 und 69A: Zusammensetzung und Abstufung von kaltem Schwarz.

Abb. 70 und 70A: Zusammensetzung und Abstufung von warmem Schwarz.

66

66 A

67

67 A

68

68 A

69

69 A

70

70 A

Das normale Farbensortiment des Kunstmalers

Kein Künstler malt ausschließlich mit den drei Grundfarben. Das würde die Mischungen für die jeweiligen Nuancen außerordentlich komplizieren. Um eine so häufig benötigte Farbe wie Lichter Ocker zu erhalten, müßte man zum Beispiel Blau und Gelb zu ungleichen Teilen mischen, anschließend Purpur hinzufügen, weiterkomponieren und zum Abschluß etwas Weiß hinzugeben, bis . . . Jede Farbe, die nicht zu den Grundfarben gehört, besitzt eine ganz bestimmte Nuance, die nur schwer allein mit den drei Grundfarben wiederzugeben ist. Deshalb benötigt man ein vielseitigeres Sortiment.

Wenn Sie sich in einem Fachgeschäft für Künstlerbedarf die Farbenkarten der bekannten Hersteller für Öl- oder Aquarellfarben zeigen lassen, werden Sie vielleicht über das äußerst große Angebot staunen. Einige Karten enthalten über zweihundert verschiedene Farbmuster, darunter mehr als fünfzehn Gelb-, über zwanzig Rot- und Orange- und beinahe vierzig Blau- und Grünnuancen.

Wer benutzt alle diese Farben? Natürlich niemand. Nicht nur, weil es viel zu aufwendig und unbequem wäre, mit einer solchen Anzahl zu arbeiten, sondern weil jeder Künstler mit „seinen" Farben malt, mit seiner persönlichen Palette, die er nach den eigenen Vorlieben zusammenstellt.

Der eine verwendet Cölinblau statt Kobaltblau, der andere fügt Orange zu seinen Gelbtönen hinzu oder Erdgrün, um seine Grüntöne abzuschatten oder Kobaltgrün, um Transparenzen zu schaffen.

In einem Punkt sind sich fast alle Kunstmaler einig: in der Anzahl der benötigten Farben. Bei der Ölmalerei sollten es nicht mehr als zwölf sein (plus Weiß und Schwarz). Bei der Arbeit mit Aquarellfarben hängt die Anzahl vom Palettkasten ab. Die vollständigsten enthalten vierundzwanzig Farben einschließlich Schwarz. Aber soviel Töne benötigt man gar nicht. Palettkästen mit cremigen Tubenfarben – die vom Kunstmaler am meisten verwendet werden – enthalten daher auch nur zwölf Farben.

In den nachfolgenden Kästen schlagen wir eine Zusammenstellung von Öl- und Aquarellfarben vor, die unserer Ansicht nach für den normalen Gebrauch des Kunstmalers ausreicht. Hinzugefügt sei, daß Hookersgrün, Cölinblau und Vandyckbraun ebenfalls von zahlreichen Aquarellmalern verwendet werden.

Normalerweise verwendete Ölfarben

1. Titanweiß
2. Kadmiumgelb zitron
3. Kadmiumgelb mittel
4. Lichter Ocker
5. Siena gebrannt
6. Umbra gebrannt
7. Zinnober hell
8. Krappkarmin dunkel
9. Permanentgrün
10. Chromoxidgrün
11. Kobaltblau dunkel
12. Aquamarinblau dunkel
13. Preußischblau
14. Elfenbeinschwarz

Normalerweise verwendete Aquarellfarben

1. Gelb zitron
2 Gelb dunkel
3. Lichter Ocker
4. Umbra gebrannt
5. Sepia
6. Kadmiumrot
7. Krappkarmin
8. Permanentgrün
9. Chromoxidgrün
10. Kobaltblau
11. Ultramarinblau
12. Preußischblau
13. Paynesgrau
14. Elfenbeinschwarz

Abb. 71: Palette mit den von Kunstmalern normalerweise verwendeten Ölfarben.

Abb. 72: Die von Aquarellmalern gewöhnlich verwendeten Farben.

Abb. 73: Bei der Malerei mit Pastellkreiden empfiehlt es sich, ein so breites Sortiment wie möglich einzusetzen.

Ölfarben 14 Farben

71

72 Aquarel 14 Farben

Pastell

3

Wie Sie festgestellt haben werden, erfolgten die bisherigen Mischungen methodisch und hielten sich an ein fortschreitendes System, das ich wegen der Genauigkeit der jeweiligen Anteile der einzelnen Farben beinahe als „unfehlbar“ bezeichnen möchte. Solche Mischungen sind wegen ihres didaktischen Wertes wichtig. Die wirklich malerischen Farben für ein bestimmtes Motiv oder Thema erhält der Künstler jedoch erst mit Hilfe erheblich komplexerer Verbindungen. Zu beschreiben, wie die Künstler ihre Farben herstellen, damit man ihre Mischungen getreulich nachvollziehen kann, ist ziemlich problematisch, da man keine exakten Mengenangaben nennen kann. Die nachfolgend gezeigte Methode besteht darin, auszuprobieren, zu korrigieren, zu verbessern und schließlich auf dieselbe Weise wie der Kunstmaler zu der präzisen Nuance zu gelangen. Sie stützt sich also auf die Praxis. Wir raten Ihnen, den Anweisungen zu folgen, ohne zu entmutigen, falls das Ergebnis nicht auf Anhieb gelingt: Es wird mit jedem Versuch besser. So schwer ist das gar nicht.

74

MISCHUNGEN MIT ALLEN FARBEN

Wie man die Farben mischt

Bisher haben wir das paarweise Mischen von Farben untersucht und geübt und die Grund-, Zweit- und Drittfarben aus drei Farben plus Weiß hergestellt, was relativ einfach ist. Nun wollen wir uns mit komplexeren Farben befassen, zum Beispiel mit der Fleischfarbe aus Velazquez' *Die Venus im Spiegel* (Abb. 75 und 77).

Wie soll man sie erklären? Wie kann man die genauen Farbmengen dieser hellen leuchtenden Farbe bestimmen? Möglich wäre es nach dem Schema auf dieser Seite (Abb. 76): Es zeigt den entsprechenden Anteil jedes Farbwertes als Farbfleck. Das ist jedoch nicht besonders sinnvoll. Denn wollten wir die Fleischfarbe zum Beispiel kälter gestalten, müßten wir eine Spur mehr Blau hinzufügen. Wie könnte man das ausdrücken? Mit eineinhalb Farbflecken? Was entspräche dann einem halben Fleck? Nein, das führt zu nichts.

75

76

Wie soll man Farbmischungen erklären?

Abb. 76: Hier eine grafische Methode. Das Problem besteht darin, daß es für den Maler äußerst schwierig ist, wenn nicht sogar unmöglich, den jeweiligen Anteil der benötigten Farbe genau zu berechnen.

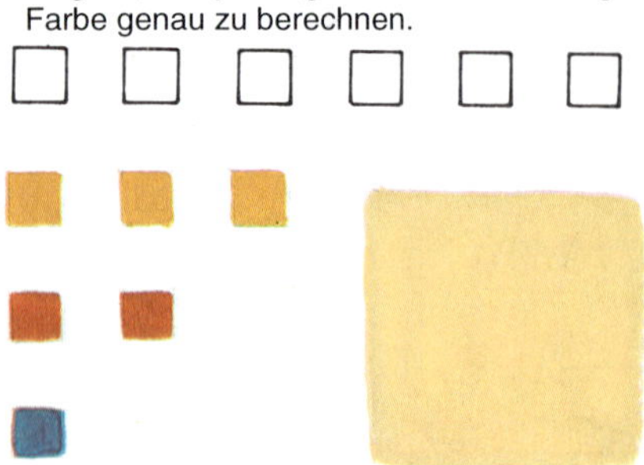

Daher schlagen wir Ihnen eine Methode vor, die auf den ersten Blick ungenauer zu sein scheint, die wir in der Praxis jedoch für erheblich nützlicher halten. Sie besteht darin, die Mischung so zu beschreiben, wie der Künstler sie auf seiner Palette anfertigt: „Ein bißchen hiervon", „erheblich weniger davon", „eine Spur einer weiteren Farbe" etc. Die jeweiligen Mischungen müssen dann solange verändert, korrigiert und nuanciert werden, bis der präzise Ton erreicht ist. Mit anderen Worten: Man probiert und lernt in der Praxis.

Abbildung 78 zeigt, wie ein Profi die helle Fleischfarbe des Körpers von Velazquez' Venus mischt: aus Weiß und Ocker, ein wenig Gelb, ein wenig Karmin und einer Spur Ultramarinblau . . . Das ist die Arbeitsweise des Kunstmalers: Er probiert und korrigiert, bis er die gewünschte Farbe erzielt hat.

78

Abb. 75: Diego Velazquez (1599–1660), *Die Venus im Spiegel*, National Gallery, London.

Abb. 77 (gegenüber): Ausschnitt aus Abbildung 75, mit dem die Methode für die Mischungen mit Ölfarben erklärt wird.

Abb. 78: Palette des Kunstmalers und die Mischungen, mit denen er die Fleischfarben erreicht.

77

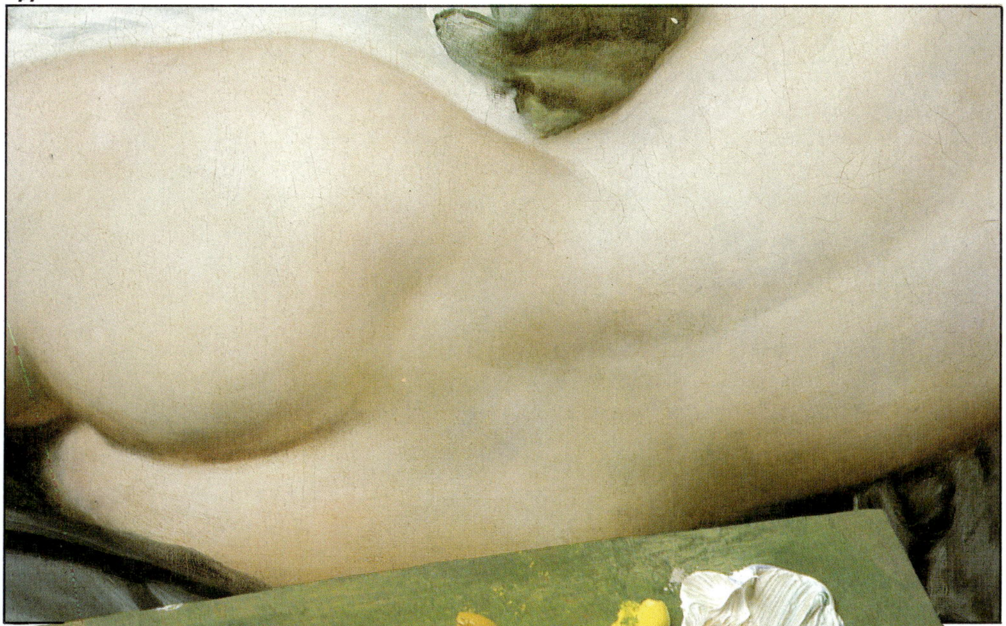

Mischungen mit Aquarellfarben

Wie Ihnen bekannt, sind Aquarellfarben transparent. Die Farbe deckt den Malgrund niemals vollständig ab. Trägt man sie auf weißes Papier, hellt sie aufgrund des durchscheinenden Papiertons auf. Legt man sie auf eine zuvor gemalte Farbe, verändert sich der überlagerte Ton, denn beide Farben mischen sich optisch.

Halten wir also fest, daß man Aquarellfarben auf zwei Arten mischen kann: auf der Palette bzw. in Näpfen und durch Transparenz unmittelbar auf dem Papier. Die englischen Aquarellmaler des 18. Jahrhunderts beherrschten die Wirkung durch Überlagerung äußerst virtuos. Die heutigen Kunstmaler ziehen den direkten Auftrag mit viel Farbe als große Lasuren ohne übermäßige Einzelheiten vor. Beide Techniken sind gleichwertig, doch erfordert die zweite eine erheblich größere Erfahrung und Beherrschung des Handwerks.

Bei der Aquarellmalerei verwendet man kein Weiß. Zum Aufhellen der Töne wird die Farbe mit Wasser verdünnt. Nachdem die Farben auf der Palette gemischt wurden, können sie also unmittelbar aufgetragen oder zunächst mit Wasser bis zur gewünschten Nuance aufgehellt werden.

Ansonsten weichen die Farbmischungen mit Aquarellfarben nicht wesentlich von denen mit Ölfarben ab. In der Praxis erkennen Sie es an dem Ausschnitt des Aktes von Vicenç Ballestar, den wir auf dieser Seite abgebildet haben (Abb. 79 und 80).

Ballestar verwendete für die Fleischfarbe Krappkarmin, Lichter Ocker und Ultramarinblau (Abb. 81). Dabei ist der Karminanteil erheblich größer als der Anteil der beiden anderen Farben, während das Blau die Aufgabe hat, den Ton zu „brechen", also grauer erscheinen zu lassen. Die Farbe der Schulter erhielt der Künstler durch Überlagerung von Lasuren, in denen Karmin für die dunklen Stellen dominiert.

79

80

81

Abb. 79: Vicenç Ballestar, *Weiblicher Akt*, Privatsammlung.

Abb. 80: Ausschnitt aus der vorigen Abbildung 79.

Abb. 81: In der Mischung für die Fleischfarbe der Schulter dominiert Karmin, zu der kleine Mengen Lichter Ocker und Ultramarinblau kommen.

Abb. 82: Wasser verändert die Farbe unter Beibehaltung der Brillanz. Milch vermindert dagegen den Ton, der graustichig wird.

Abb. 83 bis 85: Farbveränderungen bei Kaffee (Abb. 83) durch Zugabe von Wasser (Abb. 84) und Milch (Abb. 85).

Abb. 86 bis 88: Die Mischung von Komplementärfarben zu gleichen Teilen ergibt sehr dunkles Grau (Abb. 86).

Die Graufalle

82

83

84

85

Der Kunstprofessor Emilio Sala schrieb sehr zu Recht: „Die größte Schwierigkeit bei der Ölmalerei besteht darin, das Weiß zu vermeiden.“ Gibt man Weiß zu einer Farbe, wird sie graustichig. Nehmen Sie zwei gleiche Gläser mit derselben Menge Kaffee, und verdünnen Sie die eine Flüssigkeit mit Wasser und die andere mit Milch, stellen Sie fest, daß das Wasser den Kaffee aufhellt, bis er orange- oder goldfarben wird. Die Milch läßt den Kaffeeton dagegen cremefarben, graustichig, undurchsichtig und leblos erscheinen. Wie bei einer schlechten – nämlich übermäßigen – Verwendung von Weiß beim Malen mit Ölfarben.

Diese Tatsache ist anhand der nebenstehenden Farbmuster gut zu erkennen (Abb. 86 bis 88). Die Mischung von Gelb und Preußischblau (Komplementärfarben) ergibt sehr dunkles, beinahe schwarzes Grau (obere Reihe). Hellt man diese Mischung mit Weiß auf (Mitte), entsteht bräunliches Grau. Bei den Aquarellfarben erhält man je nach der Wassermenge aus der Mischung von Gelb und Preußischblau (untere Mischung) unterschiedliche Töne.

86

Komplementärfarben

87

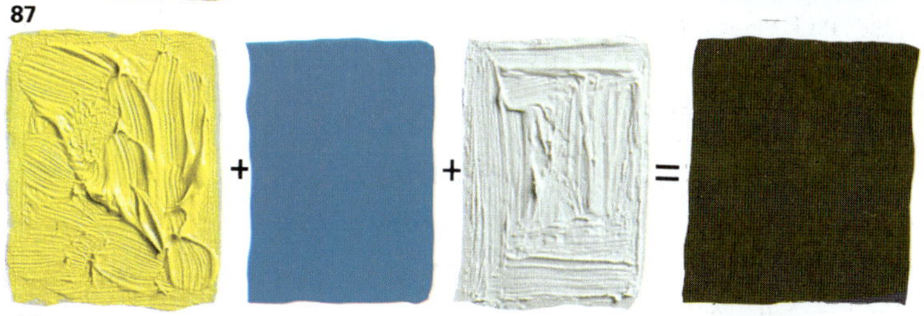

88

Der Frühling in Öl

In etlichen bewundernswerten Frühlingslandschaften von Vincent van Gogh sind natürlich Grüntöne enthalten, vor allem jedoch helles Rosa und Karmin, grünstichige Blautöne und leicht abgestumpftes Weiß, also kalte „feuchte" und auch sehr leuchtkräftige Farben. Die Werke geben die lebhafte unübersehbare Vibration der Farben und die typische Frische des Frühlings deutlich wieder.
Unser Gastkünstler Vicenç Ballestar hat ein Panorama mit blühenden Mandelbäumen gewählt, um die herrlichen Frühlingsfarben darzustellen. Er hat versucht (unserer Ansicht nach erfolgreich), die frische, leuchtende Atmosphäre, von der bereits die Rede war, wiederzugeben und dabei die warmen Erdfarben drastisch auf seiner Palette zu reduzieren.

Abbildung 90: Der Himmel ist feucht und kalt, jedoch sehr hell und strahlend. Das Blau ist beinahe aggressiv. Hier die Mischung: Kobaltblau dunkel und Türkisblau. Dunkles Kobaltblau ist ein neutrales Blau, das durch das grünliche Türkis gleichzeitig aufgehellt und kühler wird.

Abbildung 91: Der Erdstreifen im Mittelgrund setzt sich aus Lichter Ocker, Permanentgrün und Kadmiumgelb orange zusammen. Die Mischung ergibt sehr warmes grünstichiges Siena, das der Künstler gleichmäßig ausgezogen hat.

Abbildung 92: Das zarte leuchtende Gras im Vordergrund entsteht aus Kadmiumgelb zitron, Permanentgrün und Kadmiumgelb orange sowie Weiß. Es ist eine komplexe aggressive Farbe, die jedoch eine große Vielfalt an Variationen und Nuancen ermöglicht.

Abb. 89: Landschaft in Öl von Vicenç Ballestar, mit der wir die Farbmischungen illustrieren, die zum Thema Frühling gehören.

90

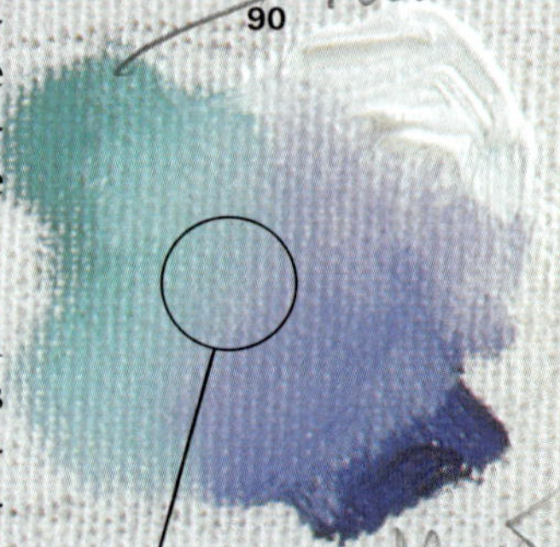

91

89

Abbildung 93: Die dunkelsten, dichtesten Grüntöne des Gehölzes hinter den blühenden Mandelbäumen setzen sich aus Permanentgrün, Chromoxidgrün und Vandyckbraun zusammen. Die Mischung dieser drei Farben (zwei Grün und ein rotstichiges Umbra als deren Komplementärfarbe) ergibt einen sehr dunklen, kalten Ton – beinahe Schwarz. Ihn hat Ballestar für die tiefen Schatten des Laubs verwendet, um die sich dichte, undurchsichtige Grüntöne verteilen, in denen Chromoxidgrün dominiert und die mit Permanentgrün abgestuft sind.

Abbildung 94: Die hervorstechende vibrierende Note der Landschaft besteht aus den Mandelbäumen. Die Blüten setzen sich aus Weiß, Karmin und Türkisblau zusammen. Sie brauchen diese Farben nur auf Ihrer Palette zu mischen, schon erkennen Sie die Möglichkeiten und die Attraktivität der leuchtenden Rosanuancen aus Karmin und Weiß und der reinen bläulichen Grüntöne, die mit Hilfe von Türkis entstehen. In den Blüten dominiert dunkles Rosa (bis zu malvenfarben), das mit Türkis abgeschattet und von einer weißen Aureole umgeben ist.

Der Frühling als Aquarell

In dieser Landschaft von Vicenç Ballestar dominieren reine klare Farben, die als fortlaufende Tonwertkontraste angelegt sind und die klare Luft suggerieren. Dies gilt zum Beispiel für die Baumkrone im Vordergrund, die sich gegen den gleichförmigen Himmel abhebt. Der Himmel entstand aus einer stark verdünnten Farbe-Wassermischung, die mit dem Flachpinsel auf das angefeuchtete Papier getragen wurde, so daß keine Pinselstriche zu erkennen sind. Auf die noch feuchte Farbe hat Ballestar nahe dem Horizont (hinter dem Gehöft) weiteres Blau gelegt, das leicht mit der restlichen Mischung verschmilzt.

Abbildung 96: Das dominierende Grün der Baumkrone im Vordergrund erhält man aus einer Mischung von Kadmiumgelb mittel, Hookersgrün (das Aquarellmaler sehr schätzen), Permanentgrün und Cölinblau (ein leicht grünstichiges Hellblau). Es entsteht kaltes Grün, in dessen hellsten Stellen das Gelb deutlich zu erkennen ist.

Abbildung 97: Lichter Ocker, Umbra gebrannt und Saftgrün ergeben die Farbe des Hügels, auf dem die Bäume im Vordergrund wachsen. Es ist eine erdige Farbe mit einem Grünockerstich, auf die Ballestar stark verdünnte Striche in Saftgrün gelegt hat, um das Gras anzudeuten.

Abb. 95: Für dieses Aquarell wählte Ballestar einen klaren Frühlingstag.

96

97

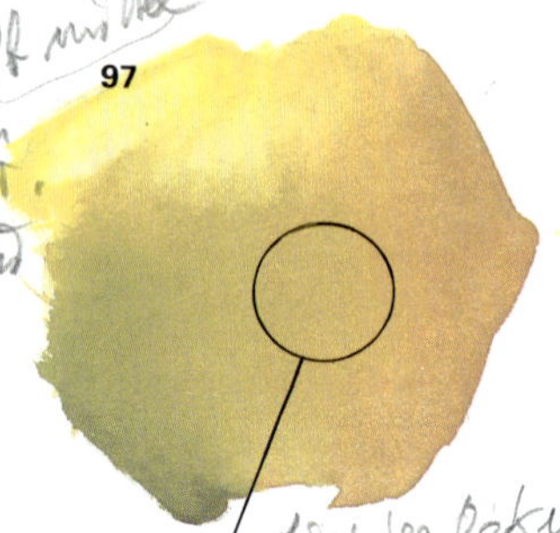

95

Abbildung 98: Die Farbe des Himmels setzt sich aus Cölinblau, Kobaltblau und Kadmiumgelb mittel zusammen, wobei sich die letzte Farbe erheblich weniger in der fertigen Mischung bemerkbar macht, als der hier abgebildete Farbfleck vermuten läßt.

Abbildung 99: Ballestar hat die Farbe des gepflügten Feldes im Mittelgrund aus Krappkarmin und warmem Rosa gemischt und sie stark verdünnt aufgetragen. Darauf hat er mit dunkleren Pinselstrichen derselben Farbe, aber mit mehr Karmin, die Furchen angedeutet.

Abbildung 100: Das Waldstück neben dem Gehöft wurde mit Grün aus dominierendem Hookersgrün und einer kleinen Menge Ultramarinblau gemalt. Diese Farbe hat Ballestar zunächst stark verdünnt aufgetragen und auf der noch feuchten Fläche die Schatten mit dem gutgefüllten Pinsel verstärkt.

Himmel und Wolken in Öl

Die drei Landschaftsbilder auf dieser Doppelseite zeigen einige Beispiele für die Anlage von Himmeln in Öl.

Um sie auszuwählen, sind wir in Vicenç Ballestars Atelier gegangen, haben mit dem Künstler über die verschiedenen Möglichkeiten diskutiert und zwischen seinen zahlreichen dort angesammelten Werken gesucht. Schließlich haben wir uns für drei hinsichtlich ihrer Form und Technik völlig unterschiedliche Bilder entschieden.

Die erste Landschaft (Abb. 101) wurde in einer Skala gebrochener Farben gemalt – einer ziemlich ausgefallenen, in der Landschaftsmalerei nicht sehr üblichen. Sie stützt sich auf die Gegenüberstellung heller und dunkler Töne, wobei die hellen warm und die dunklen gebrochen sind. (Auf Abbildung 101A finden Sie die entsprechenden Farbmischungen.)

Die zweite Landschaft (Abb. 102) zeigt einen absolut klaren wolkenlosen Himmel mit einer Blauabstufung, die im oberen Abschnitt am stärksten ist. Dies ist für solche Himmel typisch, wobei man berücksichtigen muß, daß die Farbe nahe dem Horizont fast immer einen leichten Gelbstich besitzt (Abb. 102A). Auf Abbildung 103 hat Ballestar schließlich eine Landschaft in Öl gemalt, die von einem weiten Himmel mit großen, umfangreichen Wolken dominiert wird, sogenannten Kumuluswolken. Betrachten Sie die Wolken und die Mischungen von Abbildung 103A, stellen Sie fest, daß die Formen aus bläulichem Grau bestehen, das sich aus Siena natur (oder Englischrot) und Ultramarinblau zusammensetzt, die mit Weiß aufgehellt wurden. Zum Horizont wurde der Himmel mit einer Spur Gelb nuanciert.

Abb. 101: Vicenç Ballestar, *Bewölkter Himmel*, im Künstlerbesitz. Die Behandlung des Himmels über dieser Landschaft ist sehr frei und einfallsreich.

Abb. 102: Vicenç Ballestar, *Seestück*. Die Interpretation dieses schlichten Himmels nach der Natur erfordert eine absolute Beherrschung der Palette.

Abb. 103: Vicenç Ballestar, *Frühlingswolken*. Bei diesen Wolken zählt nicht das Weiß. Es geht vielmehr um die Nuancen, die es enthält.

101 A

101

102 A

102

103 A

103

Himmel und Wolken als Aquarell

Die Farbgebung und die wechselnden Formen der Wolken sind schon immer ein attraktives Motiv für die Aquarellmaler gewesen. Die Wolkenstudien des englischen Malers John Constable (1776–1837) sind berühmt geworden. Für Constable war der Himmel der „Schlüssel zu einer Landschaft". Nach dessen Farben und Leuchtkraft konzipierte und malte er seine Werke. Eingehend beobachtete und studierte Constable die Wolken zu unterschiedlichen Tages- und Jahreszeiten und legte sein ganzes Können und seine gesamten technischen Fähigkeiten in die getreuliche Wiedergabe dieser Motive. Bei zahlreichen weiteren Aquarellmalern gehören Himmel ebenfalls zu den bevorzugten Themen. Ballestar ist einer von ihnen. Die fünf Landschaften, die wir auf dieser Doppelseite abgebildet haben, sind ein weiterer Beweis für die Vielfalt der Farbmöglichkeiten, die Ballestar aus solchen Motiven zieht.

Das erste Beispiel (Abb. 104) zeigt einen hellen Himmel an einem klaren, sehr sonnigen Tag. Eine einzige Wolke hebt sich vom Blau des Himmels ab. Folgende Farben wurden dafür von oben nach unten verwendet: intensives Blau aus Kobaltblau mit einer ganz kleinen Menge Siena gebrannt, wobei das Weiß für die Wolke ausgespart wurde. Die hellere Farbe des Himmels erhielt der Künstler aus Cölinblau und einer geringen Menge Gelb, die er für den Streifen am Horizont erhöhte und die Farbe dort gleichzeitig stärker mit Wasser verdünnte.

Die zweite Landschaft (Abb. 105) wurde an einem sommerlichen Spätnachmittag gemalt, wo hochrote Töne vorherrschen. Diese Farben erhielt Ballestar mit Hilfe von Zinnober, Krappkarmin und Gelb, aus denen die wechselnden orangenfarbenen und rötlichen Töne entstanden. Die Farbe für die Wolken erzielte er, indem er eine kleine Menge Ultramarin zum Karmin gab.

104 A

104

Abb. 104 und 104A: Dieser Himmel wurde von Ballestar mit Kobaltblau, Siena gebrannt, Cölinblau und Gelb gemalt.

105 A

105

Abb. 105 und 105A: Für diesen Himmel in der Abenddämmerung wurden Zinnober, Krappkarmin, Gelb zitron und Ultramarinblau verwendet.

106 A

106

Bei dem Himmel mit den Kumuluswolken von Abbildung 106 dominiert Cölinblau als Hintergrund, das zum Horizont mit Gelb aufgehellt wurde, während die Schatten aus einer leichten Lasur Umbra gebrannt und einer geringen Menge Ultramarinblau bestehen. Der finstere stürmische Himmel von Abbildung 107 stützt sich auf Preußischblau, das mit einer kleinen Menge Gelb zitron nuanciert wurde. An dem windigen bewölkten Tag (Abb. 108) benötigte der Künstler Ultramarinblau plus Umbra gebrannt für die leichten Schatten der Wolken, Preußischblau plus Umbra natur für den blauen Hintergrund und Cölinblau plus Preußischblau für die dichteren Schatten der Wolken.

107 A

107

Abb. 106 und 106A: Himmelblau, Gelb zitron, Umbra gebrannt und Ultramarin sind die Farben, die Ballestar für diese Wolken verwendete.

Abb. 107 und 107A: Dieser stürmische Himmel entstand ausschließlich aus Preußischblau und Gelb zitron.

Abb. 108 und 108A: Trotz der scheinbar schlichten Wolken benötigte Ballestar für dieses Aquarell Ultramarinblau, Preußischblau, Umbra gebrannt, Umbra natur und Himmelblau.

108 A

108

Der Herbst in Öl

Beim Betrachten einer Herbstlandschaft stellt man häufig fest, daß deren Farbenvielfalt genau der Skala der warmen Töne unserer Palette entspricht. Kastanienbäume können praktisch unmittelbar mit Siena gebrannt plus einer Spur Karmin gemalt werden. Kadmiumgelb mittel befindet sich in den helleren Blättern. Die Rottöne entsprechen reinem Zinnober. Die dunkelsten Töne ergeben sich einer Mischung von Siena natur und Umbra gebrannt (Abb. 109).

Abbildung 110: Befassen wir uns mit der Farbe des Gestrüpps im Vordergrund. Sie besteht aus gebrochenem Grün, das etwa zu gleichen Teilen aus Weiß, Permanentgrün und Kadmiumgelb gemischt wurde. Das Grün besitzt einen leichten Orangestich, der ihm die kastanienbraune Nuance verleiht.

Abbildung 111: Die Baumstämme, die Schatten der Baumkrone im Vordergrund links und der Gebirgskette im Hintergrund weisen violettstichiges dämmriges Blauviolett auf, das sich aus Kobaltblau dunkel, Weiß, Vandyckbraun und Siena gebrannt zusammensetzt.

Abbildung 112: Die Dominante der Bäume besteht aus einem orangestichigen gebrannten Ton, einer rötlichen Farbe, die man häufig im Herbst antrifft. Sie setzt sich aus Karmin, Kadmiumrot, Kadmiumgelb orange und Kadmiumgelb mittel zusammen, den lebhaftesten warmen Farben der Palette.

Abb. 109: Die typischen Herbstfarben kommen in dieser Landschaft in Öl von Ballestar hervorragend zum Ausdruck.

110

111

109

Das Orange läßt sich ohne weiteres durch eine Mischung von Rot oder Karmin mit Gelb ersetzen. Wenn es hier trotzdem auftaucht, dann weil Ballestar es als Grundlage für seine Mischungen verwendet und mit den übrigen Farben nuanciert. Es ist seine Malweise, gegen die nichts einzuwenden ist.

Abbildung 113: Kadmiumorange, Karmin und Permanentgrün bilden jene dunkle Farbe zwischen Siena und Grün für die hohe Krone des linken Baums. Erneut treffen wir auf jenes Orange, das theoretisch verzichtbar ist und durch Gelb ersetzt werden kann. Doch Ballestar kürzt seinen Weg damit ab und erreicht diesen Ton – eine gebrochene Farbe, die eindeutig warm wirkt.

Abbildung 114: Die ebenfalls warme Farbe des Himmels setzt sich etwa zu gleichen Teilen aus Weiß, Kobaltblau und Kadmiumgelb orange zusammen, wobei je nach grüner oder grauer Dominanz die eine oder andere Farbe überwiegt.

112

113

114

Der Herbst als Aquarell

Mit dieser Herbstlandschaft als Aquarell hat Ballestar eine wahre Farbensinfonie mit einer herrlichen Vielfalt aus Tönen und Skalen geschaffen. Warme gebrannte Farben dominieren: Kastanienbraun, Gelb, gebrochene, orangestichige Grüntöne etc. Der Himmel ist ebenso warm. Als einziger Kontrast wurde der bergige Hintergrund mit Dunkelblau angelegt. Die Farben sind in einer Art pointillistischen Technik angelegt, also als kleine lebhafte Striche, die die Form ein wenig impressionistisch aufbauen und gleichzeitig mit einem Helldunkel modellieren. Die späte Tageszeit erzeugt warme und kalte lange Schatten, die das Grün des Bodens bereichern (Abb. 115).

Abbildung 116: Das Gelb der Pappeln besteht aus unterschiedlichen Anteilen von Gelb zitron, Kadmiumgelb orange und Permanentgrün. Gelb zitron dominiert an den hellsten Stellen, während die Orange- und Grünnuancen (ebenfalls als reine Farbe mit dem Pinsel aufgetragen) die zylindrische Form des Baums modellieren.

Abbildung 117: Dieses Grün ist eine der wenigen kalten Farben des Werkes. Es entstand aus Hookersgrün und Kobaltblau. Die Mischung ergab samtartiges Dunkelgrün, mit dem Ballestar die dunklen Laubmassen im Mittelgrund angelegt hat.

Abb. 115: Eine warme Dominante, die zwischen Gold und Umbra gebrannt liegt, beherrscht die Farbgebung dieses Aquarells von Ballestar.

116

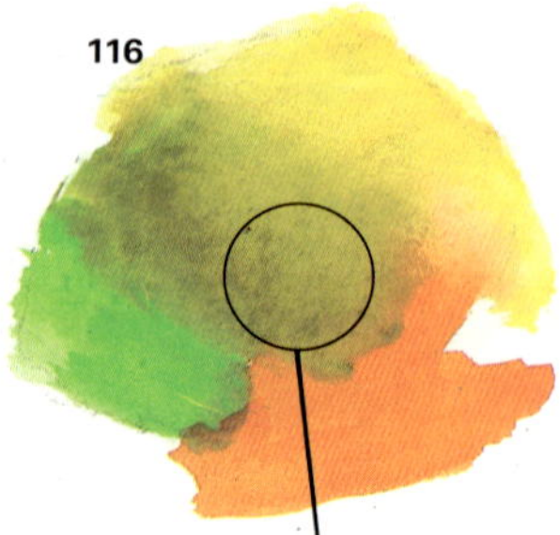

117

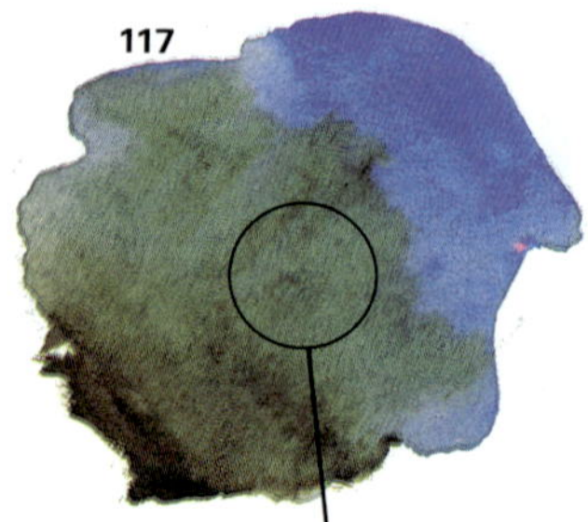

115

Abbildung 118: Die Farbe der Gräser ist ein gelungenes Beispiel für einen warmen gebrochenen Ton. Ballestar hat dafür ausschließlich zwei Komplementärfarben gemischt: Kadmiumrot mittel und Permanentgrün. Die Mischung dieser beiden Farben zu gleichen Teilen ergibt bekanntlich Dunkelgrau. Mischt man sie dagegen zu ungleichen Teilen, entsteht eine „schmutzige" graustichige Farbe.

Abbildung 119: Der Kastanienton des Baums entstand aus der Mischung von Siena gebrannt und Erdgrün. Erdgrün ist eine sehr warme Farbe, die an Umbra gebrannt erinnert.

Abbildung 120: Dieses warme Grün entstand aus der Mischung von drei Grüntönen: Erdgrün, Hookersgrün und Permanentgrün.

Der Winter in Öl

Der Winter ist nicht die Jahreszeit der reinen, gesättigten Farben, sondern der Nuancen, der leichten tonalen Variationen kalter Farben. Die Natur präsentiert sich graustichig, als Helldunkel. Das wird in der hier abgebildeten Winterlandschaft besonders deutlich. Gegenüber dem aggressiven Weiß wirken beinahe alle anderen Farben graustichig oder schwärzlich (Abb. 121). Doch auch ohne Schnee sind die Tonwertkontraste (die Intensität einer Farbgebung) erheblich größer als die Farbkontraste. Die Grautöne erscheinen in ihren ganzen Vielfalt, die Grüntöne sind gedämpft, die Erdfarben wirken kalt. Blau taucht in sämtlichen Farben auf.

Abbildung 122: Die Farbe des grünen Gebüschs auf der Anhöhe im Vordergrund setzt sich aus Ocker, Weiß, Chromoxidgrün und Umbra gebrannt zusammen.

Abbildung 123: Das nächste Gebüsch (weiter nach rechts) ist von einer ganz ähnlichen Farbintensität. Seine Dominante besteht jedoch aus der Komplementärfarbe von Grün, nämlich gedämpftem Karmin. Diesen Ton erhält man aus der Mischung von Ocker, Karmin und Kobaltblau.

Abbildung 124: Befassen wir uns nun mit dem Berggipfel. Wir stellen fest, daß die Farbe des Schnees aus malerischer Sicht keineswegs weiß ist. Der Schatten ist blau, und die gesamte Fläche ist mit Nuancen

Abb. 121: Diese frostige graue Winterlandschaft spiegelt hervorragend etliche typische Farben der Jahreszeit.

122

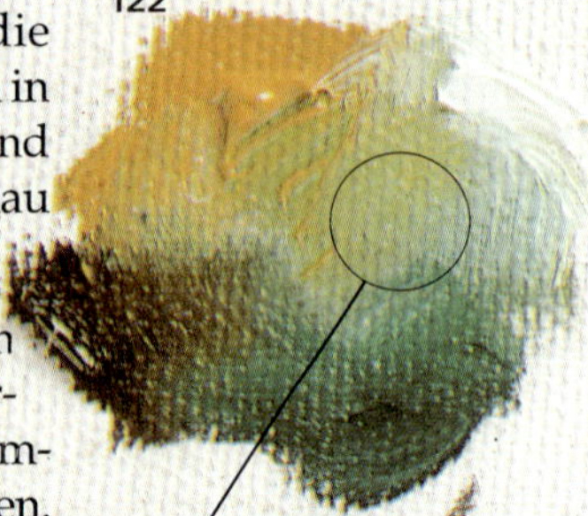

123

121

übersät. Ballestar hat ihn mit Hilfe von Umbra natur, Preußischblau, Weiß, Kadmiumgelb zitron und Türkisblau interpretiert.

Abbildung 125: Der Himmel wurde mit einem Blaugrauton gemalt, der aus der Mischung von Preußischblau, Weiß, Umbra natur und Türkisblau entstand.

Abbildung 126: Bei den Tannen im Mittelgrund wechseln Dunkelblau und Grün (ein kaltes gebrochenes Grün). Ballestar hat dafür folgende Farben verwendet: Preußischblau, Chromoxidgrün, Weiß und Umbra natur.

Der Winter als Aquarell

Alle Werke von Ballestar beruhen auf Erfahrungen aus erster Hand, also auf der Malerei an Ort und Stelle, und wir könnten hier Dutzende von weiteren, ebenso überzeugenden Winterlandschaften aufführen. Das abgebildete Aquarell entstand aus einer Harmonieskala der warmen gebrochenen Farben. Der dunkle Ton des Bodens ist den dominierenden Grautönen des Himmels unterworfen (Abb. 127).

Abbildung 128: Die niedrigen Bäume im Mittelgrund sind in ziemlich erdigem Kastanienbraun gehalten, das aus einer Mischung von Permanentgrün, Siena gebrannt und Umbra gebrannt entstand. Der allgemeine Ton enthält ausschließlich die beiden letzten Farben. Nur die Schatten sind zusätzlich mit Grün abgestumpft.

Abbildung 129: Die dunkelsten Erdtöne des Aquarells befinden sich im Vordergrund neben der Pfütze. Sie setzten sich aus Preußischblau, Umbra natur und Zinnober zusammen. Die Mischung dieser Farben zu gleichen Teilen ergibt einen sehr dunklen, beinahe schwarzen samtartigen Ton.

Abb. 127: Diese Herbstlandschaft als Aquarell malte Vicenç Ballestar, um die Mischungsmöglichkeiten der typischen Farben dieser Jahreszeit aufzuzeigen.

128

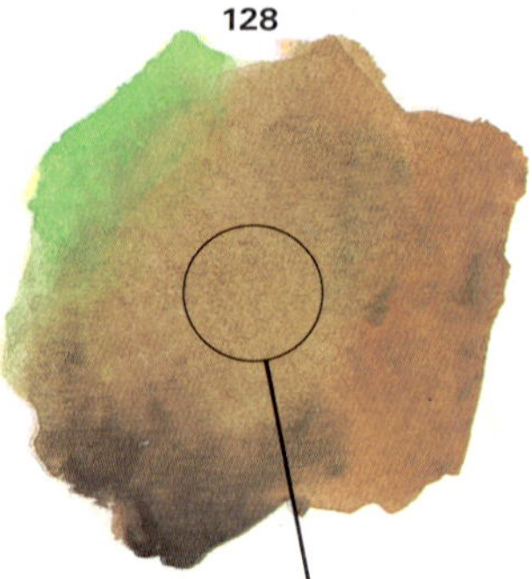

129

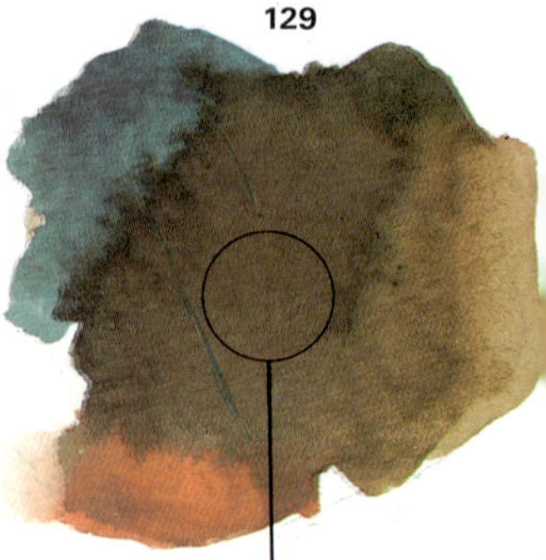

127

Abbildung 130: Die wenigen Grüntöne der Landschaft entstanden aus der Mischung von Preußischblau, Siena gebrannt und Chromoxidgrün feurig.

Abbildung 131: Diese Farbe hat Ballestar für die Darstellung des Himmels verwendet. Man erhält sie aus der Mischung von Siena gebrannt und Kobaltblau, die mit Wasser verdünnt wird.

Abbildung 132: Diese Farbe wählte Ballestar für die dunkelsten Stellen der Vegetation. Dafür mischte er die Komplementärfarben Umbra gebrannt und Preußischblau und stumpfte sie mit Umbra natur ab.

Früchte in Öl

Diese Früchte in Öl habe ich nach der Natur gemalt. Dabei ging es mir besonders um die Komposition und die Beziehung der Formen zueinander, die ich schließlich wie auf einem Fries nebeneinander angeordnet habe.
Die Auswahl der Zitrone, der Birne, der Orange, des Apfels und der Trauben erfolgte jedoch auch nach farblichen Gesichtspunkten, denn diese Früchte weisen die kontrastreichsten Farben auf.
Ich rate Ihnen, die gleichen Früchte zu wählen, sie nach demselben Schema zu ordnen und mit Hilfe der auf dieser Doppelseite erklärten Mischungen selbst zu malen.

Abbildung 134: Welche Farbe wenn nicht Kadmiumgelb zitron könnte man zum Malen einer Zitrone verwenden? Kadmiumgelb entspricht genau dem oberen Abschnitt der Zitrone. Daneben gehören noch Weiß, Ocker und Umbra in die Mischung.

Abbildung 135: Für die Farbe der Birne benötigt man eine Mischung aus Weiß, Permanentgrün und Umbra. Die charakteristische Farbe der Schale ist mattes Grün. Dieses entsteht, wenn man Umbra zur Mischung aus Grün und Weiß gibt. Das Weiß dämpft nicht nur den Ton, sondern auch die Brillanz des Grüns.

Abb. 133: Diese Früchte wurden von José M. Parramón gemalt. Er verwendete dafür jene Farben, deren Mischungen wir hier abgebildet und im Text näher beschrieben haben.

134

135

133

Abbildung 136: Wie Ihnen bekannt, sind die blauen Trauben in Wirklichkeit dunkelviolett und besitzen einen leicht transparenten Rotstich.
Eine weitere Besonderheit dieser Früchte ist der matte, scheinbar aufgesprühte Schleier, der die Farbstärke mildert. Diesen charakteristischen Ton erhält man aus der Mischung von Preußischblau und Krappkarmin.

Abbildung 137: Die Orange hat mich am meisten beschäftigt. Ebenso wichtig wie die Farbe (die keine besonderen Schwierigkeiten bereitet) ist ihre rauhe, körnige Schale. Der „Trick" besteht darin, in einer Art pointillistischen Technik zu malen und die Fläche mit Hilfe kleiner Farbtupfer abzuschatten. Dazu legt man winzige Punkte aus Karmin und Ocker für den Schatten bzw. Weiß und eine Spur Ocker für die Spitzlichter auf das Kadmiumorange.

Abbildung 138: Der gelbe Teil des Apfels wurde mit Kadmiumgelb zitron und Weiß gemalt. Das Rot setzt sich aus Kadmiumrot mittel und Karmin zusammen. Wie Sie sehen, verschmelzen Gelb und Rot nicht, sondern liegen nebeneinander und wurden leicht mit Weiß und Umbra abgestumpft.

136

137

138

Vier Äpfel als Aquarell

Dieses Aquarell mit vier Äpfeln stammt von Ballestar (Abb. 139). Ein Fachmann hätte vielleicht unterschiedlichere Früchte zusammengestellt. Doch die hier gezeigten Äpfel sind meiner Ansicht nach die bekanntesten: ein gelbgrüner, ein grasgrüner, ein roter und ein gelber. Gewiß haben Sie diese Sorten bereits einmal gegessen. Vermutlich werden Sie sie heute jedoch zum erstenmal malen. Bevor Ballestar mit den Früchten beginnt, überzieht er das gesamte Papier mit einer leichten Lasur aus Vandyckbraun, um die allgemeine Farbenharmonie festzulegen und den Ton nach unten abzuschatten. Nachdem die Lasur getrocknet ist, macht sich der Künstler an die Äpfel. Halten Sie es genauso, falls Sie das Aquarell ebenfalls anfertigen möchten, denn diese Untermalung bestimmt die Färbung der Früchte.

Abbildung 140: Das Grün dieses Apfels besteht aus einer satten Farbe aus dem transparenten Ton der Lasur sowie den Farben der Mischung. Diese setzt sich aus Lichter Ocker, Gelb zitron, Umbra gebrannt und Permanentgrün zusammen.

Abbildung 141: Auch in diesem Apfel bestimmt Permanentgrün die allgemeine Farbe. Es taucht jedoch nirgends rein auf, sondern wurde mit Kobaltblau und Siena gebrannt nuanciert und abgestumpft.

Abbildung 142: Nur zwei Farben benötigt man für den dritten Apfel: Krappkarmin und Kadmiumrot mittel. Ballestar hat sie

Abb. 139: Ballestar wählte die Äpfel in diesen vier Farben in der Absicht, deutlich die Unterschiede beim Mischen der Aquarellfarben darzustellen, die in diesen Motiven enthalten sind.

140

141

139

lediglich für jene Stellen gemischt, die einen Ton dunkler erscheinen müssen. Für die übrige Frucht wurden sie als Lasuren aufgetragen.

Abbildung 143: Die Farbe für diesen gelben Apfel wurde aus Lichter Ocker, Kadmiumgelb mittel und Vandyckbraun gemischt. Dominierend ist natürlich Gelb, das für das Zentrum der Frucht unverändert verwendet wurde. Einige kleine Stellen des Papiers hat Ballestar weiß ausgespart, um Spitzlichter zu erhalten.

Abbildung 144: Der Hintergrund und vor allem der Untergrund, auf dem die Äpfel liegen, setzt sich aus Kobaltblau und Siena gebrannt zusammen. Die Mischung dieser beiden Farben ergibt leicht grünstichigen, sehr dunklen Ocker, der den angemessenen Kontrast für die Früchte liefert und die Farben harmonisiert.

Velazquez' Fleischfarben

„Las Meninas" oder „Die Infantin Margarita" ist Diego Velazquez' großes Meisterwerk (1599–1660). Es wurde 1656 gemalt und beweist die technische Perfektion und die kreative Originalität des Malers im Augenblick seiner größten Reife. Fassen wir einige technische Besonderheiten dieses weltbekannten Werkes kurz zusammen.

Velazquez grundierte die Leinwand für „Las Meninas" mit einer feinen Grauschicht und malte beinahe ohne Vorzeichnung mit stark verdünnten Farben darauf. Mit kleinen Pinselstrichen legte er die Umrisse und die Farben gleichzeitig an. Diese direkte, abgekürzte Malweise machte ihn zu einem echten Vorläufer des Impressionismus – zweihundert Jahre vorher!

An den Stellen mit einer dünneren Farbschicht taucht das Grau der Grundierung wie bei der Aquarellmalerei durch Transparenz wieder auf. Wie beinahe in der gesamten klassischen Malerei beschränkt sich die dichtere, deckende Farbe auf die hellen Töne und besonders auf den Kopf und die Hände der Gestalt. Aber auch hier scheinen die dunkleren Töne der Grundierung durch (Schatten auf der Stirn, den Wangen etc.).

Die Farbgebung dieses Werks (und fast aller anderer Werke) von Velazquez verzichtet auf reine warme oder kalte Töne. Es dominiert ein leicht grünstichiger, kühler Grauton, der sich aus Erdfarben und neutralem Grau zusammensetzt. Von dieser allgemeinen Farbgebung heben sich die leichten Rot-, Rosa- und Silberweißakzente außergewöhnlich lebhaft ab.

Der Ausschnitt auf der Seite gegenüber (Abb. 148) zeigt den Kopf der Infantin Margarita, der Zentralgestalt der „Meninas". Die Fleischfarben des Kopfes sind ein gutes Beispiel für die trügerisch einfache Technik des großen spanischen Malers. Die erste Mischung (Abb. 145 und 145A) bezieht sich auf die Stirn, die am stärksten beleuchtete Stelle des Ausschnitts. Es handelt sich um ein so helles Rosa, daß es mit den Spitzlichtern der Haut verschmilzt. Die leicht pastose Farbe besteht aus einem großen Anteil Weiß, einer kleinen Menge Siena gebrannt und ganz wenig Zinnober. Die mittleren Schatten (Abb. 146 und 146A) der Nase haben Weiß als Dominante, zu dem ebensoviel Siena gebrannt kommt wie bei der vorigen Mischung sowie kleine Mengen Umbra natur und Zinnober. Umbra stumpft die Farbe wegen seines Grünstichs ab und läßt sie als Kontrast zu den wärmeren Tönen der helleren Mischungen kälter erscheinen.

Der warme Schatten unter der Unterlippe (Abb. 147 und 147A) setzt sich aus einer größeren Menge Weiß, einer geringeren Menge Siena gebrannt und zwei kleineren Anteilen Zinnober und Gelb zusammen.

Abb. 145 und 145A: Die Farbe der Stirn (Abb. 145A) setzt sich aus einem größeren Anteil Weiß und fortlaufend abnehmenden Anteilen von Siena gebrannt und Zinnober zusammen (Abb. 145).

Abb. 146 und 146A: Der leichte helle Schatten auf der Nase (Abb. 146A) entstand aus der Mischung einer größeren Menge Weiß und Siena gebrannt mit kleineren Anteilen von Umbra natur und Zinnober (Abb. 146).

Abb. 147 und 147A: Der Schatten an der Unterlippe (Abb. 147A) setzt sich aus einer großen Menge Weiß, Siena gebrannt, etwas Gelb und einer Spur Zinnober zusammen (Abb. 147).

Abb. 148: Diego Velazquez, *Las Meninas* (Ausschnitt), Prado, Madrid.

145

146

148

145 A

146 A

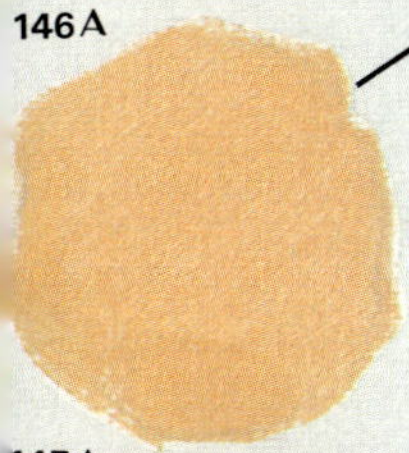

147 A

147

Delacroix' Fleischfarben

Eugène Delacroix (1798–1863) malte den „Tod des Sardanapale" im Jahre 1828. Es ist ein großformatiges Werk, das sich auf eine legendäre Begebenheit stützt. Um es mit den Worten des Historikers Kenneth Clark auszudrücken: „Der letzte Moment eines Tyrannen, den sein Stolz dazu treibt, alles in die andere Welt mitzunehmen, was ihm Wollust im Leben bereitete."

Die Farbe ist intensiv, ja heftig. Dominierend ist Rot in sämtlichen Nuancen, die von weichstem Rosa bis zu dunkelstem Karmin reichen. Vor diesem Rot heben sich hier die Goldtöne des weiblichen Aktes kräftig ab, dessen außergewöhnliche Brillanz zu den großen Leistungen der Kunst Delacroix' gehört (Abb. 152). Es wäre sinnlos, die exakten „Formeln" für die Farbmischungen angeben zu wollen, die in diesem Ausschnitt enthalten sind. Delacroix und seine meisten Zeitgenossen bemühten sich, die Malerei der Renaissance und des Barock nachzuahmen, und trafen dafür komplizierte Vorbereitungen. Sie stellten aufwendige Lacke her und „antikisierten" die Farben mit Judenpech etc. Das Ergebnis dieses „Malerlabors" war auf lange Sicht katastrophal. Die Oberflächen zersetzten sich, und die Farben wurden im Laufe der Jahre immer schwärzer. Trotz des guten Erhaltungszustands des Bildes, mit dem wir uns hier beschäftigen, darf nicht vergessen werden, daß Delacroix seine Fleischfarben auf einen hellen Untergrund legte (einschließlich Weiß), um deren Leuchtkraft zu verstärken. Dennoch gelingt es uns, die einzelnen Nuancen mit Hilfe unserer Farben und unserer modernen Malweise ziemlich originalgetreu zu erreichen.

Das stärkste Licht der Gestalt, die hellste Farbe befindet sich auf den Brüsten. Wir erhalten sie (Abb. 149 und 149A) aus der Mischung eines größeren Anteils von Weiß mit einer kleinen Menge Zinnober, etwas mehr Gelb und einer ebenso großen Menge Ocker wie Zinnober. Das Ergebnis ähnelt Napoleongelb, besteht also aus einem warmen, etwas grellerem Gelb als dem normalen. Der dichte Schatten auf der Schulter (Abb. 150 und 150A) besteht aus einem hohen Anteil Weiß, Umbra und Siena gebrannt zu gleichen Teilen, etwas weniger Gelb und einer Spur Zinnober. Daraus entsteht dunkles Ocker-Siena, das ziemlich warm, solide und dicht ist.

Der mittlere Ton des Gesäßes und des Oberschenkels ist stärker rosa (Abb. 151 und 151A). Hier bildet Siena gebrannt die Grundfarbe, zu der in abnehmenden Mengen Weiß, Zinnober und Gelb kommen. Die Mischung ergibt ein warmes, rötliches Rosa, das mit der gelblichen Farbe der leuchtendsten Stellen kontrastiert und die Fleischfarbe der Gestalt unterstützt.

Abb. 149 und 149A: Die hellste Farbe des Körpers befindet sich auf den Brüsten (Abb. 149A). Sie besteht aus Weiß, zu dem geringere Mengen Zinnober, Kadmiumgelb mittel und Lichter Ocker kommen (Abb. 149).

Abb. 150 und 150A: Der Schatten auf der Schulter (Abb. 150A) entsteht aus der Mischung eines größeren Teils Weiß mit Umbra gebrannt, Siena gebrannt, Gelb zitron und Kadmiumrot mittel (Abb. 150).

Abb. 151 und 151A: Der mittlere Ton am Gesäß und an den Beinen der Gestalt (Abb. 151A) setzt sich aus einem erheblichen Anteil Siena gebrannt und fortlaufend abnehmenden Mengen Weiß, Zinnober und Gelb zitron zusammen (Abb. 151).

Abb. 152: Eugène Delacroix, *Der Tod des Sardanapale*, Louvre, Paris.

149

150

152

149 A

150 A

151 A

151

Renoirs Fleischfarben

„Jemand sollte Herrn Renoir beibringen, daß der Oberkörper einer Frau kein faulendes Stück Fleisch mit grün-violetten Flekken wie ein Kadaver inmitten in der Verwesung ist", schrieb der Kunstkritiker Albert Wolff über das Bild von Renoir (1841–1919), das wir gegenüber abgebildet haben (Abb. 156). Das war 1876, als die Impressionisten ihre Werke getrennt von den übrigen Künstlern ausstellten, die von der Akademie zugelassen worden waren. Sie verkauften kaum etwas.

Heutzutage ist es sehr schwierig, wenn nicht unmöglich, die damalige Situation zu begreifen. Wir können Wolffs plumpe Verachtung nicht nachvollziehen und finden angesichts dieses Aktes nur höchste Lobesworte.

Renoir war wie die übrigen Impressionisten begeistert von der Natur, von dem wechselnden Spiel des Lichts sowie den Auswirkungen, die dieses Licht auf die Gestalten und Gegenstände hatte. Bei seinem Akt ging es dem Maler darum, die subtilen Nuancen wiederzugeben, die die unterschiedlichen Schatten des Laubs auf dem Körper des Modells erzeugten. Im Gegensatz zu Wolffs Meinung sind die Blauviolett-, Rosa- und Perlmuttöne des Körpers keine Verfälschung der Wirklichkeit, sondern ein Beweis für das außerordentliche Einfühlungsvermögen des Künstlers.

Die Mischungen für diese Farben sind gar nicht so kompliziert. Das wirklich Bewundernswerte daran ist deren Verteilung auf der Leinwand, die sowohl den Anforderungen der Volumen als auch der Wechselwirkung von Licht und Schatten gerecht wird.

Unten am Hals, im reflektierten Schatten, befindet sich bläuliches Grau. Es setzt sich aus einer erheblichen Menge Weiß mit kleinen Anteilen von Karmin, Zinnober und Ocker zusammen, zu denen eine etwas größere Menge Ultramarinblau kommt. Dies ergibt einen stark gedämpften, rotstichigen Malventon, den Renoir bläulich oder grünlich nuancierte (Abb. 153 und 153A). Die folgende Farbe ist eine Variante der vorigen. Sie enthält eine Spur Ultramarin und Ocker (irrtümlicherweise nicht in Abb. 154 enthalten). Wie aus dem Vergleich mit der vorigen Farbe (Abb. 153) hervorgeht, ist letztere in Wirklichkeit etwas wärmer. Mischen Sie also die genannten Farben, und probieren Sie aus, ob Sie mehr oder weniger Karmin oder Ultramarin benötigen. So hält es der Profi. Die Farbe für den Leib ist etwas wärmer und neigt stärker zu Ocker als die übrigen Nuancen. Mischen Sie ein wenig Weiß mit Ocker, fügen Sie eine winzige Spur Rot hinzu, und neutralisieren Sie den Rotstich mit Kobaltblau (Abb. 155 und 155A).

Abb. 153 und 153A: Die violettstichige Farbe unten am Hals der Gestalt (Abb. 153A) entsteht, indem man kleine Mengen Karmin, Kadmiumrot mittel, Ultramarinblau und Lichter Ocker zu Weiß gibt (Abb. 153).

Abb. 154 und 154A: Die unmittelbar beleuchteten Stellen (Abb. 154A) bestehen aus Weiß, zu denen winzige Spuren von Karmin und Kadmiumrot gemischt wurden (Abb. 154).

Abb. 155 und 155A: Die Eigenfarbe der Haut, also ohne Schatten und Reflexe (Abb. 155A), hat Weiß als Dominante, zu der in abnehmenden Mengen Lichter Ocker, Kadmiumrot mittel und Permanentgrün kommen.

Abb. 156: Pierre Auguste Renoir, *Weiblicher Halbakt in der Sonne*, Musée d'Orsay, Paris.

153

154

156

Charles Reids Fleischfarben

Charles Reid (geb. 1941) ist einer der bedeutendsten zeitgenössischen Aquarellmaler. Man könnte beinahe sagen, daß sein Werk das gegenwärtige künstlerische Stadium der Entwicklung des figurativen Aquarells seit der Anerkennung dieser Technik im 18. Jahrhundert repräsentiert. Reids Malweise entspricht dem aktuellen Stil des Aquarells von heute: expressiv in der Farbe bei wohlgelernter Lektion des Impressionismus. Es ist der Stil eines Virtuosen. Reids Aquarelle beweisen Geschicklichkeit und Fingerspitzengefühl bei der Anlage der Farben und der Definition der Formen sowie eine erstaunliche Schnelligkeit in der Ausführung. Der Künstler malt grundsätzlich nach der Natur. Er beginnt sein Werk, indem er die Farben zwanglos auf dem Papier mischt und sie fleckig werden und sich ausdehnen läßt, ohne etwas zu erzwingen oder zu übertreiben. Er malt naß-in-naß, um die Farben ausziehen, nuancieren und bereichern zu können, und zwar als Lasuren, damit eine leuchtende Wirkung entsteht. Die Trockentechnik verwendet er für Details und zum Umreißen der Konturen. Dazu nimmt er die Farbe mit dem kaum angefeuchteten Pinsel auf. Manche seiner Werke, zu denen auch dieses gehört (Abb. 160), sind wahre Kompendien für die verschiedensten technischen Möglichkeiten des Aquarells.

Vor Beginn des Malens legt Reid die Formen des Motivs mit einer Bleistiftzeichnung fest: Eine durchgehende Linie definiert die ungefähren Umrisse, ohne sich mit Details aufzuhalten, so daß die Freiheit des Pinselstrichs nicht beeinträchtigt wird.

Den eigentlichen Fleischton, der deutlich am Arm zu erkennen ist, erhält der Maler aus einer großen Menge stark verdünnten Krappkarmins, zu der winzige Spuren Zinnober und Gelb zitron kommen (Abb. 157 und 157A). Die Stellen im Schatten sind wärmer. Sie setzen sich aus einer Mischung von Zinnober und einer geringeren Menge Kobaltblau zusammen, die mit einer Spur Karmin nuanciert wird (Abb. 158 und 158A). Für die helleren Schatten verwendete Ballestar stark verdünntes Kobaltblau, zu dem er einen Teil Siena gebrannt und je eine Spur Zinnober und Gelb zitron gegeben hat (Abb. 159 und 159A).

Abb. 157 und 157A: Reids Fleischfarbe (Abb. 157A) besteht hauptsächlich aus Krappkarmin, zu dem kleine Anteile Zinnober und Gelb zitron kommen (Abb. 157).

Abb. 158 und 158A: Die Stellen im Schatten (Abb. 158A) entstanden aus Zinnober, Kobaltblau (etwas weniger) und einer geringen Menge Karmin (Abb. 158).

Abb. 159 und 159A: Die bläulichen Töne bestehen aus Kobaltblau, etwas Siena gebrannt und je einer Spur Zinnober und Gelb zitron (Abb. 159).

Abb. 160: Charles Reid, *Liegender Akt*, Privatsammlung (Mit freundlicher Genehmigung von Watson Guptill).

160

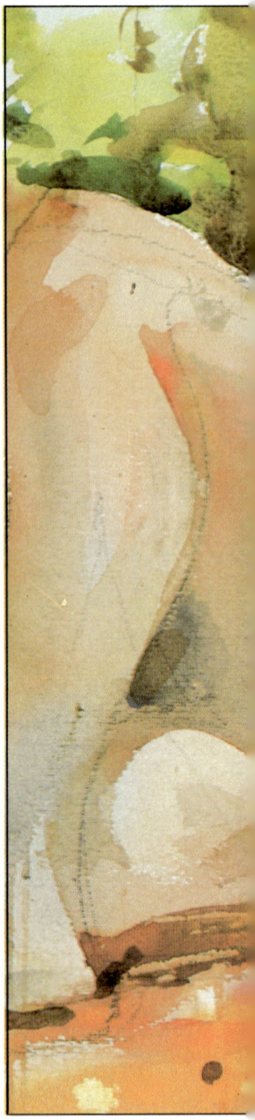

157

158

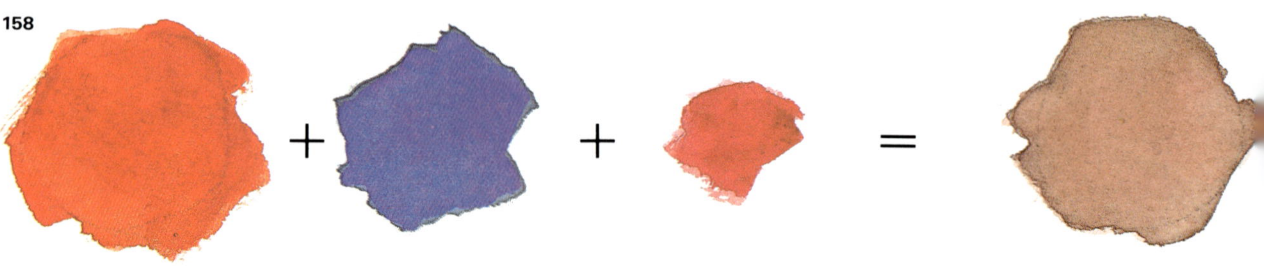

159 A 158 A 157 A

159

Der große Maler Paul Cézanne wurde einmal nach seinen Lieblingsfarben gefragt – was er an den Farben in den Werken der großen Meister am meisten bewundere. „Die allgemeine Harmonie", antwortete Cézanne.
Die Farbenharmonie oder die Harmonieskala der Farben besteht aus einer Folge von Tönen und Nuancen, die über die Mischungen der Primärfarben und die Gesetze der Farbenlehre weit hinausgehen. Mit ihr betreten wir vollends das Gebiet des künstlerischen Ausdrucks und der geschlossenen Anfertigung eines Gemäldes. Im folgenden Kapitel wollen wir die Möglichkeiten der Harmonisierung anhand der drei Grundskalen untersuchen: der Harmonieskala der warmen, kalten und gebrochenen Farben. In jeder gibt es zahlreiche Kombinationen und unzählige Möglichkeiten zur Bereicherung eines Werkes seitens des Künstlers. Gründliches Üben der Mischungen in allen Variationen ist erforderlich, um die wahre Bedeutung der Farbenharmonie zu begreifen.

161

FARBMISCHUNGEN UND HARMONIESKALEN

Harmonisierung und Farbenskalen

Wie bereits im vorigen Kapitel angedeutet, gibt es drei Grundtypen von Farbenskalen: die Harmonieskala der warmen, der kalten und der gebrochenen Farben. Allgemein ausgedrückt, könnte man sagen, daß ein in der Harmonieskala der warmen Farben gemaltes Bild rotstichig ist und daß die blaustichigen Farben der kalten Skala angehören. Die Skala der gebrochenen Farben besteht aus graustichigen, „schmutzigen" Tönen und Nuancen, die aus der Mischung von Komplementärfarben plus Weiß entstehen.

Die auf dieser Doppelseite abgebildeten Fotos wurden an unterschiedlichen Orten und zu einem Augenblick aufgenommen, als das Licht einen Charakter innerhalb der genannten Harmonieskalen aufwies. Die Skala der warmen Farben ist in der Aufnahme von Abbildung 163 (gegenüber) zu erkennen, die am Spätnachmittag eines Sommertags entstand. Es dominieren eindeutig Ocker-, Siena- und Rottöne. Die Winterlandschaft (Abb. 162) ist dagegen von grauen und bläulichen Tönen gekennzeichnet, von gedämpftem Licht und Farbenskalen, die zu Violett tendieren. Die Skala der gebrochenen Töne kommt hervorragend in der Hafenszene zum Ausdruck (Abb. 164), deren Farben undefinierbar zu sein scheinen und weder warm noch kalt sind, sondern zu einer Skala neigen, die sich nicht genau bestimmen läßt. Aus diesem Grund sprechen wir von gebrochenen Farben, bei denen der Künstler je nach dominierendem Ton selber festlegt, ob sie warm oder kalt sein sollen.

In der Praxis muß der Künstler vor Beginn des Malens die Tendenz seines Modells ermitteln. Anschließend entscheidet er sich für die Farbenskala, in der er arbeiten will, schöpft deren Möglichkeiten voll aus und verstärkt sie sogar. Dadurch erhält er einen chromatischen Zusammenhalt, und es gelingt ihm, die Farben zu interpretieren und ein gutes Bild zu malen.

Abb. 161 (vorige Seite): Farbkomposition aus den warmen, kalten und gebrochenen Tönen.

162 A

162

Abb. 162 und 162A: Die Harmonieskala der kalten Farben scheint in dieser Landschaft (Abb. 162) auf Weiß- und Grautöne reduziert zu sein. In Wirklichkeit enthält sie zahlreiche weitere Nuancen, darunter blaue, violette, braune und grüne (Abb. 162A).

163 A

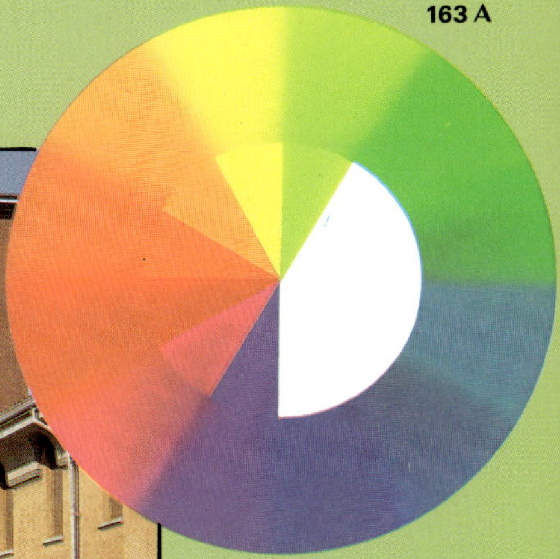

163

Abb. 163 und 163A: Diese Abbildung zeigt eine Harmonieskala aus warmen Farben (Abb. 163), in der Siena, Gelb und Rot dominieren. Die Skala enthält jedoch auch helle Grüntöne, Rosa und Orange (Abb. 163A).

164 A

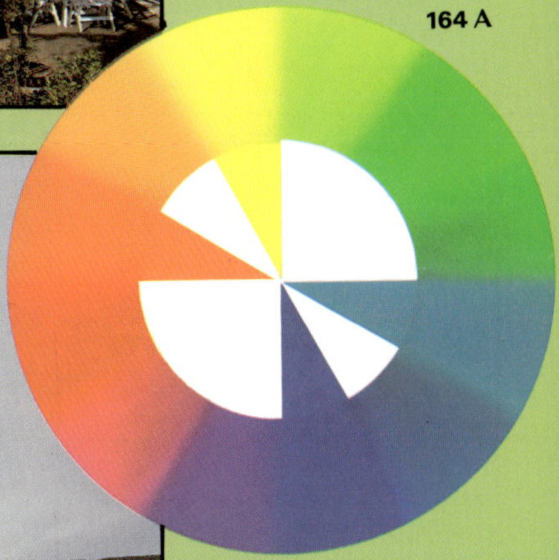

164

Abb. 164 und 164A: Gebrochene Farben zeigen sich an grauen, bewölkten Tagen (Abb. 164). Man erhält sie aus der Mischung von Komplementärfarben zu ungleichen Teilen und der Zugabe von Weiß (Abb. 164A).

Mischen von warmen Ölfarben

Abb. 165: Die Farbe der Hauswand ganz oben links im Bild besteht hauptsächlich aus Gelb zitron. Hinzu kommen kleine Mengen an Lichter Ocker und Weiß sowie eine Spur Kadmiumgelb orange.

165

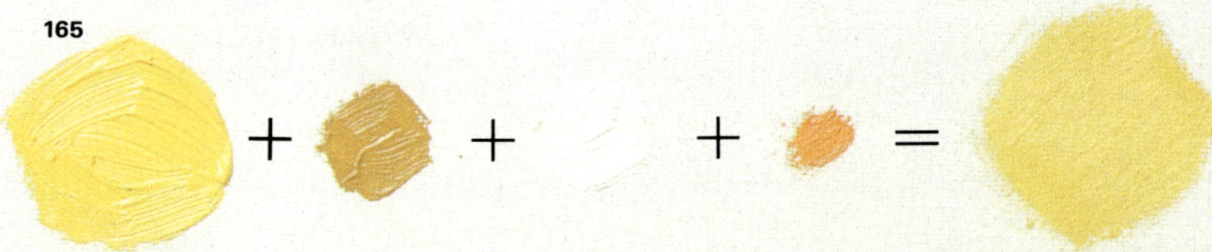

Abb. 166: Die Farbe der Fassade, über die das Regenrohr läuft, besteht aus Siena gebrannt, zu dem winzige Mengen an Lichter Ocker und Weiß kommen.

166

Abb. 167: Die blasseste Farbe des Bildes befindet sich in den Fassaden im Zentrum. Sie besteht aus Kadmiumgelb zitron, zu dem kleine Mengen Siena gebrannt und Weiß sowie eine Spur Permanentgrün kommen.

167

Abb. 168: Dies ist die Farbe für die Tür ganz unten links im Bild. Sie geht von Siena gebrannt aus, zu dem eine kleine Menge Krappkarmin und ein noch geringerer Anteil Preußischblau kommen.

168

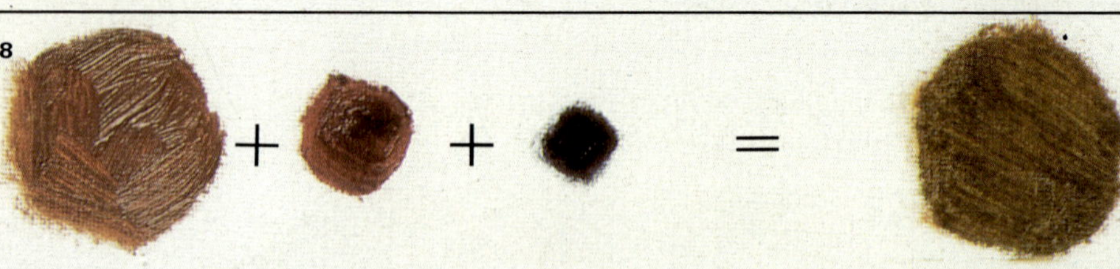

Abb. 169: Die helle, leicht blaustichige Farbe einiger Fassaden besteht im wesentlichen aus Weiß, zu dem etwas Kadmiumgelb zitron sowie eine Spur Preußischblau gehören.

169

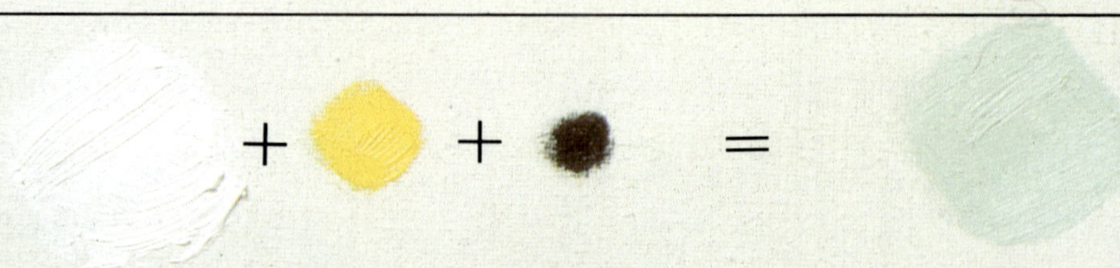

Abb. 170: Der untere Abschnitt der Fassaden besteht aus einer erheblich wärmeren und dunkleren Farbe als der obere. Sie ergibt sich aus Gelb zitron, zu dem zwei kleine Mengen Kadmiumrot mittel und Krappkarmin kommen.

170

171

Hier eine Dorfstraße, die um fünf Uhr nachmittags eines warmen Sommertags gemalt wurde (Abb. 171). Die Sonne „färbt" zu dieser Stunde mit warmen Farben in Gelb, Ocker, Siena und Rot.
Theoretisch besteht die warme Harmonieskala aus den im Schema von Seite 79 (Abb. 163A) angeführten Farben. In der Praxis handelt es sich um alle roten oder rotstichigen Töne. Der Kunstmaler wählt dafür normalerweise:

Gelb, Ocker, Rot, Umbra gebrannt, Krappkarmin, Permanentgrün, Chromoxidgrün und Ultramarin

Daß Kobaltblau und Preußischblau in dieser Aufstellung fehlen, bedeutet nicht, daß die Farben – oder jede andere – nicht ebenfalls innerhalb einer warmen Harmonieskala auftauchen dürfen. *Die Skala der warmen Farben* neigt zu Rot, Gelb, Orange, Ocker oder Siena.

Wie Sie sehen, gibt es durchaus Blau- und Grüntöne in diesem Bild. Sie passen sich jedoch der allgemeinen Harmonie perfekt an und bilden einen Kontrapunkt zu der gelben Dominante.
Auf Seite 80 haben wir grafisch beschrieben, wie man die Mischungen der charakteristischsten Farben dieses Bildes erhält. Die Dominanz einiger der zuvor genannten warmen Farben springt sofort ins Auge: Konkret handelt es sich um Gelb und Siena gebrannt. Wie Ihnen bekannt, können wir hier nur die annähernden proportionellen Anteile nennen. Die genauen Mengen ergeben sich stets erst beim Ausprobieren auf der Palette.

Abb. 171: José M. Parramón, *La Torra*, Privatsammlung.

Mischen von warmen Aquarellfarben

172

Abb. 172: Die Grüntöne des Grasstreifens am oberen Rand des Aquarells bestehen aus stark verdünntem Permanentgrün, zu dem Lichter Ocker und eine ganz geringe Menge Ultramarin kommen.

173

Abb. 173: Lichter Ocker ist die dominierende Farbe dieses Aquarells, also die Farbe der aufgerichteten Strohgarben. Sie besteht etwa zu gleichen Teilen aus Lichter Ocker und Siena gebrannt sowie aus einer geringeren Menge Gelb zitron.

174

Abb. 174: Die beleuchteten Stellen der Strohgarben bestehen aus einem dunkleren Ocker als dem des Feldes. Man erhält ihn aus Lichter Ocker und einem halben Anteil Gelb zitron sowie einer geringen Menge an Siena gebrannt und einer Spur Ultramarinblau.

175

Abb. 175: Die Schatten im Vordergrund entstanden aus einer Mischung des dominierenden Lichter Ocker mit einer geringen Menge Zinnober und Kobaltviolett sowie einer Spur Kobaltblau.

176

Abb. 176: Die dunkleren Schatten an einigen Stellen der Strohgarben bestehen aus Siena natur, zu dem etwa der halbe Anteil Zinnober und etwas weniger Kobaltblau kommen.

177

Abb. 177: Vicenç Ballestar, *Gemähtes Feld*, Privatsammlung.

Vicenç Ballestar malte dieses Erntefeld an einem heißen Augustnachmittag (Abb. 177). Er arbeitete nach der Natur, stellte seine Feldstaffelei im Freien auf – natürlich im Schatten – und begann zu malen.
Stellen wir uns einen Moment vor, welcher Anblick sich dem Maler bot. Die dominierende Farbe war zweifellos Lichter Ocker, eine der wärmsten Nuancen überhaupt. Das Problem bestand also darin, das Aquarell nicht zu einer einfarbigen, monotonen, ausdruckslosen Fläche werden zu lassen. Ballestar ist die Lösung gelungen, indem er die Farbintensität maximal ausnutzte (sogar übertrieb, wenn es sich anbot) und vor allem von den farblichen Möglichkeiten der Schatten profitierte. Die Impressionisten erkannten als erste, daß sich im Schatten immer auch die Komplementärfarbe der Eigenfarbe des Körpers befindet, und stellten dies auf der Leinwand dar.
Ballestar kennt die Lektion des Impressionismus genau und hat erhebliche Mengen Blau und Violett (als Komplementärfarbe des gelben Strohs) in die Schatten der Garben aufgenommen, die lebhaft mit der Dominante kontrastieren und sie gleichzeitig verstärken und beleben.
Auch das wärmste aller malerischen Motive enthält also eine gewisse „Dosis" kalter Farben, ohne die es bei einer perfekten Harmonisierung nicht geht.

Mischen von kalten Ölfarben

Abb. 178: Der Himmel besteht aus mehr oder weniger gleichförmigem Blau, das hauptsächlich Preußischblau enthält, zu dem Weiß und eine geringe Menge Umbra gebrannt kommen.

178

Abb. 179: Diese Farbe entspricht der schattigen Fassade oben rechts im Bild. Sie entstand aus Weiß, zu dem Preußischblau und ein wenig Lichter Ocker gehören.

179

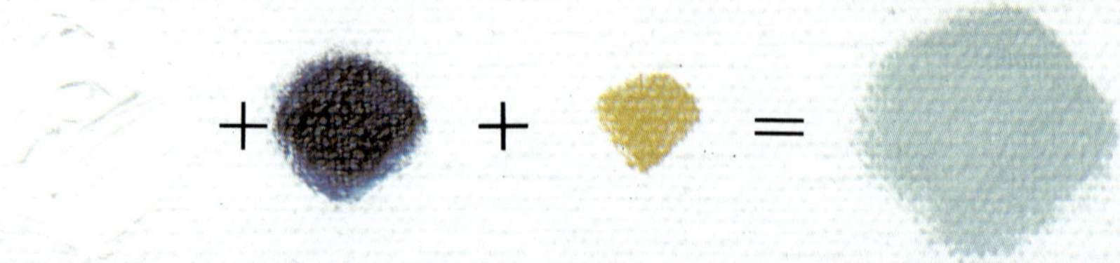

Abb. 180: Dies ist das Grün des Vordaches im Zentrum des Bildes. In seiner Mischung sind Preußischblau und Weiß zu gleichen Teilen sowie kleine Mengen Gelb zitron, Lichter Ocker und Siena natur enthalten.

180

Abb. 181: Das Grün der großen Türflügel des Hauses entstand aus der Mischung von Preußischblau und Lichter Ocker zu gleichen Teilen. Hinzu kommen Weiß und Gelb zitron.

181

Abb. 182: Diese Farbe entspricht den Grautönen der Reflexe der Sonne auf dem Wasser. Die Mischung enthält sowohl Preußischblau als auch eine größere Menge Weiß und einen geringeren Anteil Siena natur.

182

Abb. 183: Dieses Dunkelgrün gibt die dunklen Reflexe auf dem Wasser wieder. Es entstand aus der Mischung von Preußischblau und Siena natur zu gleichen Teilen sowie einer kleineren Menge Weiß, Siena gebrannt und Gelb zitron.

183

184

Abb. 184: José M. Parramón, *Fornells*, Privatsammlung.

Als Beweis dafür, daß die Stärke des Lichts nicht notwendigerweise die Farbenskala bestimmt, habe ich dieses Seestück gewählt, das ich vor einiger Zeit nach der Natur malte (Abb. 184). Der Tag hätte nicht strahlender sein können – so strahlend wie an manchen kalten Wintermorgen, wenn das Licht äußerst rein und die Luft klar und transparent ist. Jede Farbe schien in sich geschlossen und äußerst präzise von den Umrissen der schlichten Zeichnung begrenzt zu sein. Es waren kalte Farben. Theoretisch gehören die Farben des Schemas von Seite 78 (Abb. 162A) der kalten Harmonieskala an. In der Praxis wird die Skala jedoch vom Künstler selbst bestimmt. Hier eine Aufstellung der kalten Farben, die der Kunstmaler normalerweise verwendet:

Preußischblau, Ultramarinblau dunkel, Kobaltblau dunkel, Chromoxidgrün, Umbra natur und Lichter Ocker, Permanentgrün, Krappkarmin

Die meisten davon habe ich für dieses Seestück verwendet. Eine Ausnahme bilden die Grüntöne, die ich selber aus Preußischblau, Lichter Ocker und Gelb gemischt habe, um der Natur so nahe wie möglich zu kommen. Die Theorie ist wichtig. Trotzdem muß man sich stets von der Natur „beraten" lassen. Das habe ich bei meinem Bild getan, mit dem ich – in aller Bescheidenheit gesagt – sehr zufrieden bin.

Mischen von kalten Aquarellfarben

Abb. 185: Dieses Grau erscheint am oberen Rand des Aquarells und besteht ausschließlich aus Ultramarinblau und etwas Siena gebrannt. Beide Farben wurden stark mit Wasser verdünnt.

185

Abb. 186: Ein weiteres Grau, diesmal die hellen Streifen am Rand der Schiffe. Es setzt sich aus Ultramarinblau, einer geringen Menge Siena gebrannt und einer Spur Permanentgrün zusammen.

186

Abb. 187: Dies ist das kalte Gelb des Bootsdaches rechts im Aquarell. Es besteht hauptsächlich aus Gelb zitron und einer winzigen Spur Siena natur.

187

Abb. 188: Die allgemeine Nuance der Wasserfläche, die beinahe die gesamte untere Mitte des Aquarells einnimmt. Sie besteht aus Kobaltblau und ein wenig Kadmiumrot mittel.

188

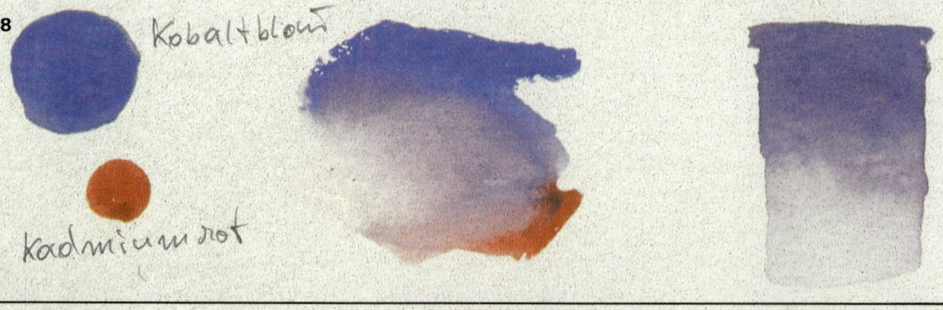

Abb. 189: Die dunkleren Schatten im Wasser wurden mit einer Mischung aus Preußischblau und kleinen Mengen Kobaltblau und Umbra gebrannt angelegt.

189

190

Abb. 190: Vicenç Ballestar, *Fischerhafen*, Privatsammlung.

Ich habe Ballestar häufig beim Malen im Hafen begleitet. Der Fischerhafen von Barcelona ist eines seiner Lieblingsmotive. Er hat ihn aus allen Blickwinkeln mit vielen und wenigen Schiffen im Sommer und Winter gemalt. Um das Mischen von kalten Aquarellfarben zu erklären, haben wir dieses Werk gewählt, in dem auch die theoretisch warmen Farben kalt wirken. Zum Beispiel das grelle Gelb des Schiffdaches rechts im Bild (Abb. 190).

Ballestar verwendete für dieses Aquarell drei Blautöne: Ultramarin-, Kobalt- und Preußischblau. Blau dominiert also das Werk. Dies ist einer der Gründe, weshalb Ballestars Aquarelle so interessant sind. Aus einer arg beschränkten Farbenskala erzielt der Künstler eine gewaltige Nuancenvielfalt. Die Wasserfläche weist je nach Licht, Schatten und Entfernung zum Betrachter die unterschiedlichsten Töne auf. Ballestar hat diese Faktoren äußerst geschickt genutzt. Darüber hinaus ist es ihm gelungen, die charakteristische Undurchsichtigkeit des Hafenwassers , diesen gewissen Graustich der Nuancen und das Funkeln des Lichts auf der Oberfläche hervorragend auszudrücken.

Mischen von gebrochenen Ölfarben

191

Abb. 191: Der Himmel ist praktisch Weiß. Trotzdem hat er bläuliche Nuancen, die aus der Mischung von Weiß mit abnehmenden Teilen von Türkisblau, Lichter Ocker und Preußischblau bestehen.

192

Abb. 192: Das Rot des Hausdaches links im Bild besteht vor allem aus Englischrot, zu dem Kadmiumrot mittel sowie kleine Mengen Preußischblau und Weiß kommen.

193

Abb. 193: Gelb bildet die Dominante der Mischung für das Grün der Wiesen. Hinzu kommen eine etwas kleinere Menge Preußischblau und Lichter Ocker zu gleichen Teilen.

194

Abb. 194: Die Farbe des Daches unmittelbar unterhalb des zuvor erwähnten setzt sich aus einer größeren Menge Weiß und kleineren Anteilen Türkisblau und Karmin zusammen.

195

Abb. 195: Diese Farbe entspricht den Feldern innerhalb der Umzäunungen. Sie besteht vor allem aus Kadmiumgelb mittel, zu dem kleine Anteile von Lichter Ocker, Permanentgrün und Karmin kommen.

196

Abb. 196: Die schattigen Stellen innerhalb der Umzäunung setzen sich aus Preußischblau mit Karmin sowie geringeren Mengen Permanentgrün und Weiß zusammen.

197

Nehmen Sie zwei Komplementärfarben, zum Beispiel Grün und kräftiges Rot. Mischen Sie ein Teil Grün mit einem Viertel Rot, und fügen Sie beliebig viel Weiß hinzu. Sie erhalten einen bräunlichen Ton, eine Art Khaki oder grünlichen Ocker, der in jedem Fall graustichig, ja „schmutzig" ist. Er wird um so dunkler, je gleicher die Anteile der Komplementärfarben sind, und um so graustichiger, je mehr Weiß Sie hinzufügen. Es handelt sich um gebrochene Töne. Keine Farbe der Palette ist von der Skala der gebrochenen Farben ausgeschlossen, denn von allen läßt sich eine „schmutzige", graustichige Nuance herstellen. Aufgrund der ungeheuren Vielfalt der gebrochenen Farben können wir entweder eine warme oder eine kalte Grundskala für unsere Arbeit wählen. Bei meinem Werk oben habe ich mich für eine warme Skala entschieden (Abb. 197), die mir von der Berglandschaft der Pyrenäen nahe der französischen Grenze an einem grauen, bedeckten Tag vorgegeben wurde.

Abb. 197: José M. Parramón, *Landschaft in den katalanischen Pyrenäen*, Privatsammlung.

Mischen von gebrochenen Aquarellfarben

Abb. 198: Dies ist das Grau des Himmels, eine stark nuancierte Farbe aus einer großen Menge Preußischblau mit je einem geringeren Anteil Lichter Ocker und Vandyckbraun.

198

Abb. 199: Die Grüntöne am Horizont beruhen auf einer Mischung von Hookersgrün mit zwei winzigen Mengen Siena gebrannt und Vandyckbraun.

199

Abb. 200: Er ist fast weiß, aber nicht ganz. Dies ist die Farbe des Schnees, die aus einer Mischung von Kobaltblau und Siena gebrannt etwa zu gleichen Teilen besteht.

200

Abb. 201: Die dunkelsten Schatten des Waldes bestehen aus einer Mischung von Hookersgrün (das in allen Nuancen dominiert) mit zwei kleineren Anteilen Preußischblau und Vandyckbraun.

201

Abb. 202: Die Farbe des Baches ist graustichig. Sie entstand aus Ultramarinblau, zu der winzige Mengen Vandyckbraun und eine Spur Karmin kamen.

202

203

Das Mischen von gebrochenen Aquarellfarben unterscheidet sich nicht wesentlich von dem Verfahren für die Ölfarben. Der Unterschied besteht darin, daß die Zugabe von Weiß in diesem Fall mit Hilfe von Wasser geschieht, also durch Verdünnen der Farbe, bis der gewünschte Aufhellungsgrad erreicht ist. Diese Tatsache ist von höchster Bedeutung. Wie bereits erwähnt, sind gebrochene Farben das Ergebnis unzähliger Mischungen aus häufig komplementären Nuancen.
Letztere führen zu dunklen, manchmal beinahe schwarzen Farben. Beim Malen mit Aquarellfarben muß man zwangsläufig nach jeder Zugabe von Wasser einen Probestrich auf einem Extrablatt machen und vor allem die Stärke kontrollieren, bevor man eine Farbe auf das endgültige Papier trägt. Das oben abgebildete Werk wurde in einer warmen Harmonieskala aus gebrochenen Farben angefertigt (Abb. 203). Beachten Sie, wie Ballestar den Schnee mit Hilfe feiner, äußerst transparenter (sehr heller) Farbschichten angelegt hat, die stark mit den dunklen Tönen des Bachs kontrastieren. In beiden Fällen sind die Farben gebrochen und aus zahlreichen Mischungen entstanden. Des „Pudels Kern" besteht in der Intensität der Farben. Wie Sie sehen, hat Ballestar dieses Problem mit Bravour gelöst.

Abb. 203: Vicenç Ballestar, *Gefrorener Bach*, Privatsammlung.

Als Zusammenfassung dessen, was wir in diesem Buch untersucht haben, werden nun drei Künstler ein wirklich exemplarisches Bild anfertigen. Zuerst malt José M. Parramón ausschließlich mit den drei Grundfarben eine Landschaft in Öl. Anschließend löst unser Gastkünstler Vicenç Ballestar dasselbe Thema mit einem anderen Ausschnitt als Aquarell und verwendet dafür eine äußerst vielfältige Mischung aus Gelb zitron, Krappkarmin, Preußischblau und Weiß.

Das letzte Werk stammt von Miquel Ferrón: ein Porträt in Öl, das mit allen Farben der Palette gemalt wurde.

Auf die Erfahrung und die Qualität der Arbeit dieser drei Künstler müssen wir nicht extra hinweisen. Sie brauchen nur deren Arbeitsablauf zu verfolgen, den wir für jedes Werk Schritt für Schritt beschrieben haben, und die Ergebnisse zu studieren, um beides zu erkennen. Parramón, Ballestar und Ferrón bieten uns die besten Lektionen, die man zum Thema Farbmischungen bekommen kann, eine außerordentlich visuelle Unterrichtsstunde, die sich auf einer gründlichen Kenntnis der Materie stützt.

204

DIE FARBMISCHUNGEN IN DER PRAXIS

Parramón malt mit drei Farben in Öl

205

Nach langer Suche habe ich dieses Motiv gewählt (Abb. 205). Das Foto wurde von jener Stelle aufgenommen, an der ich meine Feldstaffelei aufgestellt habe: eine kultivierte Terrasse, von der aus das leicht stufenförmige Gelände mit der Bergkette im Hintergrund gut zu überblicken ist. Diese Landschaft werde ich ausschließlich mit den drei Grundfarben, nämlich Preußischblau, Krappkarmin und Gelb zitron sowie Weiß malen.
Hinsichtlich der Komposition bietet sich ein hoher Horizont nahe dem oberen Bildrand an. Betrachten Sie die Vorzeichnung, die ich vor Beginn des Malens rasch auf der Leinwand angefertigt habe (Abb. 207), erkennen Sie, wie hoch ich diesen Horizont im Verhältnis zu dem Gehöft gezeichnet und sogar etwas übertrieben habe, um die Landschaft ausweiten und den darauffolgenden Ebenen mehr Raum geben zu können (Akkerland, Wald, Hügel etc.). Die zusammenfassenden Linien der Vorskizze habe ich mit einer Mischung aus Preußischblau und einer geringen Menge Karmin hergestellt (Abb. 206) und mit lockerer Hand und der Pinselspitze gezeichnet, ohne etwas zu konkretisieren bzw. ins Detail zu gehen.
Befassen wir uns nun mit den Mischungen. Die Abbildung gegenüber (Abb. 208) zeigt einen Ausschnitt der Bäume unmittelbar vor dem Hintergrund des Gebirges. Diesen Hintergrund habe ich mit Preußischblau

206

207

Abb. 204 (vorige Seite): Ausschnitt der Landschaft von José M. Parramón.

gemalt, das für den Himmel mit Weiß aufgehellt und mit Gelb nuanciert wurde, um den leichten Grünstich an der Horizontallinie zu erhalten. Die Grün-, Ocker-, Rosa- und Sienatöne in den Bäumen sind das Ergebnis einer Mischung mit Gelb als Dominante, die aufgrund des Karminanteils einen Rosa- oder Sienastich erhält (Abb. 209) oder mit Hilfe einer kleinen Menge Preußischblau ins Grüne geht. In beiden Fällen wurden die Nuancen entsprechend mit Weiß aufgehellt.
Beachten Sie, daß die Definition der Formen beim Auftragen der Farben keine Rolle spielt und die Töne miteinander verschmelzen, ohne sich gegenseitig abzusetzen. Das ist wichtig. Vergessen Sie nicht, daß ich hier die entferntesten Ebenen male, von denen man nur die Massen und die Färbung, jedoch keine Details erkennt.

Abb. 205 (gegenüber): Diese Landschaft hat Parramón als Motiv für ein Ölgemälde aus nur drei Farben plus Weiß gewählt.

Abb. 206: Der Künstler malt ausschließlich mit Preußischblau, Krappkarmin, Gelb zitron und Weiß.

Abb. 207: Die Vorzeichnung stellt er mit der Pinselspitze und einer Mischung aus Karmin und Preußischblau her, die er stark mit Balsamterpentin verdünnt.

Abb. 208: Ausschnitt aus den ersten Farbaufträgen: Preußischblau dominiert den Himmel und die Berge, während in dem Waldstück gebrochene Töne überwiegen.

Abb. 209: Die Nuancen der Bäume entstanden, indem der Künstler Weiß zu den Mischungen aus dem dominierenden Gelb mit etwas Karmin und Preußischblau fügte.

209

208

Mischen, probieren, verbessern . . .

Ich bin bereits mittendrin, wie man so schön sagt, und befasse mich gründlich mit den Mischungen: Ich probiere, verbessere und färbe die Leinwand, um die Farbwirkung festzustellen, und korrigiere unmittelbar auf dem Malgrund. Meine Palette füllt sich mit Mischungen, die ich als Grundlage für neue Nuancen benutze (Abb. 211). Zum Beispiel: Zum zuvor verwendeten Hellgrün füge ich mehr Gelb und überprüfe, ob dieser Ton nicht zu grell und aggressiv ist. Eine Spur Preußischblau verstärkt das Grün: So ist es gut. Dieselbe Farbe kann ich mit Hilfe einer Spur Karmin und Weiß für Braun verwenden, das sich durch Zugabe von Gelb in Lichter Ocker verwandelt.

Für den Vordergrund der Landschaft benötige ich sattes, intensives Grün. Nichts einfacher als das: Zur Mischung für die Berge im Hintergrund – die fast ausschließlich aus Preußischblau bestehen – füge ich solange Gelb, bis der gewünschte Ton erreicht ist (Abb. 212). Ich ziehe die Farbe aus und stelle fest, daß sie zu blaustichig ist. Also kehre ich zu meiner Palette zurück und erhöhe den Gelbanteil. Ich male erneut und . . . Die Nuance stimmt (Abb. 210). Eine solche Vorgehensweise hat nichts Systematisches. Daher wäre es absurd, die Anteile der Grundfarben für die Mischung zu nennen. Ich bin sicher, daß Sie aufgrund der bisherigen Durcharbeitung des Buches längst erkannt haben, daß das Mischen von Farben eine Kunst ist und keine Wissenschaft und daß es vor allem auf „das Auge" und die Intuition ankommt, die sich mit der Praxis entwickelt. Außerdem spielt die Beobachtung des Modells eine äußerst wichtige Rolle. Eine Farbmischung ist erst korrekt, wenn sie dem tatsächlichen Ton der Landschaft äußerst nahekommt.

Auf Abbildung 213 erkennen Sie die Wirkung des Grüns, von dem soeben die Rede war: ein breiter, beinahe gleichförmiger Farbstreifen, der die ansteigende Diagonale der Komposition unterstreicht, die der absteigenden Diagonalen des Horizonts entgegengesetzt ist.

Abb. 210: Das Grün des Vordergrunds ist kaum nuanciert und ziemlich „flach".

Abb. 211: Für die weiteren Farben greift der Künstler auf die vorigen Mischungen zurück.

Abb. 212: Im Grün für die Wiese dominiert Preußischblau, zu dem nur eine kleine Menge Gelb hinzugefügt zu werden braucht.

Abb. 213: Dies ist das Stadium der Leinwand, nachdem der Künstler die Farben der einzelnen Bildteile stärker angepaßt hat.

Abb. 214: Die Wiedergabe der Baumkrone erfordert eine genaue Beobachtung des Spiels von Licht und Schatten.

211

212

210

Der Baum oberhalb des Gehöfts bereitete mir einige Probleme (Abb. 214). In der prallen Sonne gelegen, wies die Krone einen heftigen Kontrast von Licht und Schatten auf. Zunächst löste ich den Schatten mit einem Grün, in dem sich eine große Menge Blau befand. Für die rechte Begrenzung gab ich Karmin hinzu, das als Komplementärfarbe den Ton abstumpfte. (Erinnern Sie sich: Rot ist die Komplementärfarbe von Grün). Die beleuchteten Stellen malte ich mit einem ähnlichen Grün wie die restlichen Bäume. Ich hellte das Grün mit Weiß und Gelb auf, war jedoch nicht zufrieden. Ich begriff, daß der einfache Kontrast nicht reichte und ich die hellen und dunklen Flecken ausgiebig nuancieren mußte, um die Bewegung der Zweige und Blätter darzustellen. Das tat ich, und es funktionierte.

Hier ein allgemeiner Grundsatz: Die nahen Körper und Gegenstände weisen mehr Details und Kontraste auf als die fernen. Dies sagte bereits L. da Vinci, und es trifft zu.

213

214

Ausarbeitung

Hier das Bild in einem fortgeschrittenen Stadium (Abb. 215). Die allgemeine Farbgebung steht inzwischen fest. Sie besteht aus einer Harmonieskala kalter Töne, in der Preußischblau und Grün dominieren. Als Kontrast fehlen auch warme Farben nicht, die die kalte Dominante betonen. Das gilt zum Beispiel für die Orangenuancen im Dach des Gehöfts und in dem Baum davor. Auch einige gebrochene Töne sind vorhanden, so die graustichigen Ocker im Mittelgrund der Landschaft, die „unentschieden" zwischen Grün und Gelb schwanken. Beachten Sie, daß die Entscheidung für eine bestimmte Skala keine absolute Beschränkung auf deren Farben verlangt. Der Farbenreichtum ergibt sich aus Gegensätzen und Kontrasten, also aus der Vielfalt (Abb. 217). In diesem Zusammenhang sei erwähnt, daß man bei einer solchen breiten Farbenskala die Pinsel während der Sitzung unbedingt von Zeit zu Zeit säubern muß. Das braucht nicht gründlich zu erfolgen. Es reicht, wenn man den Farbüberschuß mit altem Zeitungspapier aus dem Haarkörper drückt, damit die folgenden Mischungen nicht verschmutzt werden (Abb. 216). Aus diesem Grund habe ich immer solche Blätter zur Hand.

Abbildung 218 zeigt das fertige Bild. Ich habe es einige Tage nach der Sitzung im Freien in meinem Atelier fertiggestellt und dabei die zwei Baumgruppen zu beiden Seiten der Leinwand hinzugefügt. Ferner habe ich die Fassaden des Gehöfts abgeschlossen, einige Farben aufgehellt, das Haus oben auf dem Hügel detailliert und alles retuschiert, was nicht unbedingt erforderlich war. Diese Arbeitsweise mit frischem Geist und der kritischen Distanz von einigen Tagen Abstand ist sehr zu empfehlen. Ich halte mich immer daran.

Abb. 215: Zur vollständigen Abtönung der Leinwand gehören Farben aus allen Harmonieskalen, auch wenn die Dominante eindeutig kalt ist.

215

216

217

Abb. 217: Nichts weist darauf hin, daß die zahlreichen Mischungen auf der Palette ausschließlich aus den drei Grundfarben entstanden.

Abb. 218: Das fertige Werk ist detailliert und äußerst nuancenreich.

218

Ballestar malt eine Landschaft mit drei Aquarellfarben

Es ist Anfang Winter im Gebirge, ein kalter klarer Tag. Von der Terrasse eines Berghangs hat man einen weiten Blick über die Wälder, Wiesen und Äcker, die die Landschaft mit grünen Flecken überziehen. Hier hat Ballestar seine Feldstaffelei aufgestellt.

Auf seiner Staffelei steht ein Zeichenbrett mit Aquarellpapier mittleren Korns.

Ballestar hält die wichtigsten Linien der Komposition mit Zeichenkohle fest. Wie anhand der nebenstehenden Abbildung zu erkennen (Abb. 219), passen sich die Formen zwei entgegengesetzten Diagonalen an: der aus dem Vordergrund und der aus dem Horizont. Dazwischen erkennt man die geschwungenen Linien des Baums, der das Kompositionsschema dominiert.

Der Künstler arbeitet mit einem Palettkasten und cremigen Tubenfarben. Auf der Seite gegenüber (Abb. 222) sehen Sie seine Palette mit den Pinseln und den Farben. Bei den Farben handelt es sich um Kadmiumgelb mittel, Kadmiumrot und Ultramarinblau. Ballestars Grundfarben entsprechen also nicht dem Gelb zitron, Karmin und Preußischblau, mit denen wir in den ersten Kapiteln dieses Buches gearbeitet haben.

Wie auch zahlreiche Künstler entfernt er sich recht gern von den „Vorschriften" der Farbenlehre, um Ergebnisse zu erhalten, die stärker seiner kreativen Persönlichkeit entsprechen. Diese Ergebnisse besitzen wegen ihres außerordentlichen Farbenreichtums und ihrer Ausdruckskraft schon einen Wert an sich, wie wir später noch sehen werden.

Ballestar arbeitet mit Kunstfaserpinseln: zwei Flachpinseln von zwei

219

Abb. 219: Vorzeichnung des Motivs mit Kohle, die vor Beginn des Malens fixiert werden muß.

Abb. 220: Nachdem er das Motiv mit Kohle vorgezeichnet hat, beginnt Ballestar das Bild mit dem Himmel im oberen Abschnitt der Leinwand.

220

221

Zentimeter Breite, einem Flachpinsel Nr. 14 und einem Rundpinsel Nr. 12. Ferner benötigt er ein Wassergefäß mit weiter Öffnung sowie einen alten Lappen, mit dem er die Pinsel reinigt und trocknet. Er malt von oben nach unten (wie immer beim Aquarell) und hat zuvor den oberen Papierrand angefeuchtet.

Den Himmel deckt er mit stark verdünntem Ultramarinblau ab, das ungemischt bleibt. Abbildung 220 zeigt die Farben, die vom Horizont abwärts folgen: Violett aus stark verdünntem Ultramarinblau und etwas Rot; kaltes, ziemlich grünstichiges Grau aus der Mischung aller drei Farben mit einer gewissen Dominanz von Gelb sowie Rotorange, das er unmittelbar auf dem feuchten Papier mit abwechselnden Pinselstrichen aus Gelb und Rot mischt. Aus der folgenden Abbildung 221 geht deutlich hervor, daß Ballestar das Weiß für die Zweige ausspart und mit einer aufgehellten Nuance des zuvor beschriebenen Graus malt.

Abb. 221: Sich abwechselnde warme und kalte Töne lassen den Farbenreichtum erahnen, der in dem fertigen Aquarell herrschen wird.

Abb. 222: Lediglich mit diesem Material arbeitet der Künstler: Ultramarinblau, Kadmiumrot mittel und Gelb zitron sowie vier Kunstfaserpinseln (darunter ein einziger runder).

Man malt von oben nach unten

222

Aufbau mit Hilfe von Kontrasten

Ballestar mischt äußerst schnell, arbeitet mit viel Wasser und füllt die Palette mit großen Farbflecken (Abb. 223). Dabei verwendet er sowohl die Grundfarben als auch die anderen Mischungen. Es ist nicht ganz einfach, ihm zu folgen. Beachten Sie, wie er das Rotorange des Waldes im Hintergrund verstärkt und unten mit einem grünen Fleck abschließt (Ultramarinblau und Gelb), den er mit einer Spur Rot abgestumpft hat: ein reiner Kontrast aus Komplementärfarben (Abb. 224).

Er fährt mit den Grüntönen fort. Mit einem blassen, beinahe zarten grünlichen Gelb malt er den Vordergrund. Die Mischung ist einfach: Sie besteht aus Gelb mit einer Spur Blau, beides stark verdünnt (Abb. 225). Die blasse Farbe dient nur zur Vorbereitung des folgenden markanten Kontrastes.

Bei seiner fortschreitenden Arbeit läßt sich Ballestar stets von den Möglichkeiten des maximalen Kontrastes leiten, den ihm das Motiv liefert. So finden wir ganz im Vordergrund eine kräftige Note aus reichhaltigem Grün, das aus wechselnden Anteilen unterschiedlich stark verdünnter Farben besteht und direkt auf dem Papier gemischt wurde. Die Grundfarbe tendiert aufgrund ihres verstärkten Blau- und Rotanteils zu einem Erdton (Abb. 225). Beachten Sie auch den prächtigen Farbfleck, der den Baum im Mittelgrund ausdrückt (Abb. 226). Er besteht aus deckendem Grün mit einem kräftigen Anteil Blau und etwas Rot und ragt energisch aus der Landschaft hervor.

Zu den Tonwertkontrasten kommt der Kontrast zwischen den warmen und den kalten Farben. Neben den zuvorgenannten Grüntönen liegt ein strohfarbenes Siena (Hellgrün mit Rot und Gelb). Vor allem finden sich hier jedoch reine, vibrierende Gelbtöne, die sich deutlich von dem dunklen Purpur (Rot mit etwas Blau) des Baumstamms abheben.

Abb. 223: Die Mischungen von Aquarellfarben sind längst nicht so präzise abgegrenzt wie die der Ölfarben. Deshalb reinigt Ballestar seine Palette zwischendurch häufig mit einem Schwamm.

Abb. 224 bis 226: Ballestar beherrscht die Technik des Aussparens von Weiß perfekt, die für die Aquarellmalerei typisch ist. Die Anlage der Zweige bereitet eine ganze Reihe von Schwierigkeiten (Abb. 224), die der Künstler löst, indem er sich sehr sorgfältig an die Zeichnung hält. Er umgibt die entsprechenden Stellen mit dem Ton des Hintergrunds und fügt für das Laub Gelb hinzu (Abb. 226).

223

224

225

226

Die Einzelheiten, die Schatten, das Ganze

Betrachten Sie zu einem fortgeschrittenen Zeitpunkt der Arbeit aufmerksam die Palette des Künstlers (Abb. 229), stellen Sie fest, daß die Mischungen ständig in neue Farbtöne übergehen. Das heißt, jede erhaltene Nuance trägt ihrerseits zu einer weiteren Farbe bei. Mit den Violettönen erhält man gebrochene Grüntöne, und diese können wiederum für Siena und dunkle Erdfarben genutzt werden. Auch Gelb, Orange und Karmin setzen sich fort und führen zu neuen Mischungen auf der Palette.

Mit der Pinselspitze zeichnet Ballestar die Zweige und verwendet dazu Karmin, das mit Ultramarinblau abgestumpft worden ist (Abb. 227). Diese Striche heben sich von der nackten Fassade ab, die zuvor mit einer unmerklich mit Grau „verschmutzten" Lasur überzogen wurde (Abb. 228). In der Schlußphase nuanciert der Maler jene Flächen, an denen er zuvor das Weiß des Papiers ausgespart hat. Er malt die hohen Zweige und läßt kleine Stellen weiß, die das Relief, also die dritte Dimension des Baums suggerieren. Außerdem deckt er die Wand am linken Haus mit einer Lasur aus Siena ab und hält die Farbe so realistisch wie möglich, auf der sich anschließend dann das Schwarz der Tür und auch des Fensters abheben. Die Abbildung 230 zeigt das fertige Bild.

227

228

Abb. 227: Nachdem er das Weiß für die Zweige ausgespart hat, paßt Ballestar deren Farbe mit der Pinselspitze an.

Abb. 228: Aus dem vorigen linearen Netzwerk ist ein Baum entstanden, der sich in die Landschaft integriert.

Abb. 229: In diesem fortgeschrittenen Arbeitsstadium weist Ballestars Palette einen erheblichen Nuancenreichtum auf.

229

Ballestar hat die Kontraste mit Hilfe der Schatten harmonisiert. Es gibt sie in allen Sorten: helle und dunkle, kalte und warme. Der Schatten des Baums ist dunkel, beinahe schwarz. Der Wurfschatten des Strauchs auf dem Zaun links außen ist dagegen warm und aus gebrochenem Lichter Ocker mit Rot. Der Busch wirft wiederum einen kalten, transparenten Schatten aus stark verdünntem Ultramarin auf die Hofmauer. Räumliche Tiefe, Präzision der Formen, reiche, vibrierende Farben . . . Für Ballestar reichen dafür drei Farben mehr als aus.

Abb. 230: Im fertigen Aquarell verbinden sich leuchtende Farben mit einer präzisen Zeichnung.

230

Miquel Ferrón malt ein Porträt in Öl

Zunächst die Pose. Das Modell sitzt etwas seitlich mit einer leichten optischen Verkürzung für den Maler, während der Kopf genau von vorn zu erkennen ist. Vergleichen Sie nun die Fotografie des Modells (Abb. 231) mit Ferróns Kohlezeichnung (Abb. 232), stellen Sie fest, daß der Künstler bei seinem Ausschnitt auf einen Teil der Waden verzichtet hat, um den Formen des unteren Bildabschnitts größeres Gewicht zu verleihen. Beachten Sie ferner, daß die Gestalt leicht nach rechts von der Mittelachse gerückt wurde.

Ferróns Palette setzt sich aus Titanweiß, Kadmiumgelb zitron, Lichter Ocker, Kadmiumgelb orange, Kadmiumrot, Krappkarmin, Umbra gebrannt, Türkisblau, Ultramarinblau, Chromoxidgrün und Kobaltviolett zusammen.

Es ist eine äußerst umfangreiche Palette, die reiche, komplexe Mischungen ermöglicht. Auf der Abbildung hier gegenüber (Abb. 233) haben der Kopf und die Arme der Gestalt bereits ihre wesentliche Farbgebung erhalten.

Ferrón hat die entsprechenden Nuancen durch ständige Bereicherung der Mischungen aus Weiß, Umbra, Lichter Ocker und Karmin erhalten, also mit Farben, die den üblichen Tönen der Fleischfarbe so nahe wie möglich kommen. Das Rosa der mittleren Töne (Abb. 234) besteht aus einer Mischung von Weiß und Karmin mit einer geringen Menge Orange, das die Farbe „erwärmt".

Die hellsten Töne entstanden durch zusätzlichen Ocker und einer Steigerung des Weißanteils in der vorigen Mischung (Abb. 235).

Indem er diese Mischungen bereichert und mit kleinen Mengen Türkisblau und Kadmiumrot nuanciert und mit mehr oder weniger Weiß aufhellt, weitet der Künstler seine Skala aus, die von den hellsten Lichttönen bis zu den dunkelsten Farben reicht und zwischen Warm und Kalt wechselt (Abb. 236). Die dunkleren Töne erhält Ferrón, indem er eine Spur Violett zur Mischung aus Weiß und Ocker gibt (Abb. 237), so daß sehr warmes, tiefes Braun entsteht.

231

232

Abb. 231: Der Oberkörper des Modells erscheint fast von vorn, während die Beine leicht seitlich gestellt sind. Die Beleuchtung dämpft die Schatten und betont die Umrisse.

Abb. 232: Ferrón hat die Umrisse der Gestalt gezeichnet und die Maße und Proportionen perfekt berechnet.

Abb. 233: Als erstes bearbeitet der Künstler den Kopf und die Haut des Modells.

Abb. 234 bis 237: Die Farben der Haut entstehen aus der ständigen Mischung von Karmin, Ocker, Kadmiumgelb mittel, Weiß und Kadmiumorange.

235

234

236

233

237

Harmonisierung des Bildes

Das Muster des Blusenstoffs des Modells bietet einem Künstler wie Ferrón einen attraktiven Anreiz, da es ihm mehr um die lebhaften Farben geht als um eine trockene präzise Darstellung der Realität.
Die Impressionisten waren wahre Meister in dieser Kunst der Verstärkung von Farbempfindungen. Sie setzten die Farbe großzügig ein und suggerierten vor allem deren Lebhaftigkeit.
Ferrón gibt die genauen Farben der Bluse mit einer Kombination aus Rot, Ocker und Violett wieder (Abb. 238). Seine Mischungen stützen sich vorwiegend auf Rot (Kadmiumrot, Abb. 239), das er mit Orange, Karmin und Kobaltviolett nuanciert und mit Gelb aufhellt. In diesem Fall geht es ihm nicht um den perfekten Ton einer bestimmten Stelle. Das Muster der Bluse läßt sich besser mit lockeren Pinselstrichen

238

Abb. 238: Die Farben der Bluse nuancieren hervorragend die bisher angelegten Fleischfarben und kontrastieren mit ihnen.

Abb. 239 und 240: Bei den Farben für die Bluse dominiert Kadmiumrot mittel (Abb. 239). Für den Rock hat der Künstler Kadmiumgelb orange und Lichter Ocker als Grundfarben gewählt.

Abb. 241: Ferrón hat die allgemeine Farbgebung der Gestalt festgelegt und sich dabei vorwiegend auf warme Töne gestützt.

Abb. 242: Der Hintergrund aus eindeutig kalten Farben kontrastiert mit der Gestalt und hebt deren Umrisse dadurch klar hervor.

239

240

241

242

wiedergeben, die sich direkt auf der Leinwand mischen. Die Farbe des Rocks besteht aus der Mischung von Lichter Ocker mit geringen Anteilen von Gelb und Siena gebrannt, zu denen noch Kadmiumrot für die Schattenstellen kommt (Abb. 240).

Abbildung 242 auf dieser Seite zeigt das Porträt in jenem Stadium, als der Künstler bereits die Hintergrundfarbe angelegt hat. Von dieser Farbe und ihrer Mischung wird auf der folgenden Seite die Rede sein.

Hintergrund und Abschlußretuschen

243

244

245

Für den Hintergrund hat Ferrón einen bläulichen, aber dennoch warmen Ton gewählt, der mit der außerordentlich warmen Dominanten der Gestalt harmoniert. Abbildung 245 zeigt einen vergrößerten Ausschnitt des fertigen Bildes, in dem man deutlich den Farbenreichtum erkennt, den der Künstler verströmt hat. Die Farbgebung stützt sich auf Blau-, Malven- und Violettöne (Abb. 243) sowie blassen, gebrochenen Lichter Ocker aus einer Mischung von Okker und Violett – also Komplementärfarben (Abb. 244). Die Anlage der Farben mit Hilfe großer streifiger Flecken, die direkt auf der Leinwand gemischt werden, erzeugt eine lebhafte, aber diskrete graustichige Wirkung, die die Gestalt unterstreicht und sie vom Hintergrund abhebt. Gegenüber sehen Sie das fertige Porträt (Abb. 247) sowie einen Ausschnitt des Kopfes aus dem vorigen Stadium (Abb. 246). Die Veränderungen der Gesichtszüge sind unübersehbar. Der Künstler hat die Lippen vergrößert und profiliert und deren Rosa verstärkt. Außerdem hat er die ovale Gesichtsform präzisiert, und zwar nicht mit Hilfe der Zeichnung, sondern mit Farbe. Volumen werden durch Schatten ausgedrückt und Umrisse durch eine Gegenüberstellung von Hell und Dunkel kontrastiert und präzisiert. Das Porträt ist fertig. Herzlichen Dank, Ferrón!

Abb. 243 und 244: Violett und Lichter Ocker sind die dominierenden Farben des Hintergrunds. Beide hat Ferrón stark verdünnt und mit energischen Strichen angelegt.

Abb. 245: Die Anlage des Hintergrunds mit breiten lockeren Farbstrichen verhindert, daß sich das Interessenszentrum von der Gestalt abwendet.

Abb. 246 und 247: Vergleicht man die beiden unterschiedlichen Stadien der Ausarbeitung des Kopfes, erkennt man die Präzisierung der Formen und die Verbesserung der Farben durch Ferrón.

246

247

Titel der Originalausgabe: „Cómo mezclar colores"
Aus dem Spanischen übertragen von Christa L. Cordes

4. Auflage 2003

Herausgeber: José M. Parramón
Text: David Sanmiguel
Illustrationen: Vicenç Ballestar, Jordí Casas

Herstellung und Satz:
Verlagsservice Henninger GmbH, Würzburg

Printed in Spain

ISBN 3-924433-90-9